KB236349

서바이벌
크리에이티브

서바이벌 크리에이티브

초판 1쇄 인쇄 2011년 5월 4일
초판 1쇄 발행 2011년 5월 9일

지은이 전경원
펴낸이 김옥희
펴낸곳 아주좋은날
기획편집 이미숙, 김은영
디자인 안은정
마케팅 최현욱, 조유정

출판등록 2004년 8월 5일 제16-3393호
주소 서울시 강남구 역삼동 679-5 아주빌딩 501호
전화 (02) 557-2031
팩스 (02) 557-2032
홈페이지 www.appletreetales.com

ISBN 978-89-91667-94-5 13320

창의적인 두뇌는 **창의적인 습관**에서 나온다!

서바이벌 크리에이티브

전경원 지음

아주 좋은 날

관성적 사고의 틀을 깨고
창의적인 사고로 진화하라!

홍사종
미래상상연구소 대표

　세상에는 두 가지 유형의 사람들이 산다. 수렴적(收斂的) 사고를 하는 사람과 창발적(創發的) 사고를 하는 사람들이다. 물론 수렴적 사고를 하는 사람도 창발적 사고를 하고, 창발적 사고를 하는 사람도 수렴적 사고를 한다. 뇌 과학에서 인지하는 좌뇌 우뇌의 발달정도에 따라 보여지는 정도의 차이는 존재한다. 창발적인 사고를 하는 사람들은 그동안 세상을 움직였던 인물 속에서 얼마든지 찾을 수 있다. 이를테면, 레오나르도 다 빈치, 갈릴레오 갈릴레이, 토마스 에디슨 같은 창발적 사고를 하는 인재들이 문명발전의 기폭제 역할을 하면 수렴형 인재들이 뒤늦게 이를 조직화하고 관리해서 세상의 변화를 이끌어왔다.

둘의 관계는 물론 대립적이 아니라 상호보완적이다. 호모사피엔스, 즉 현생 인류의 역사는 수십만 년의 세월 동안 수평적 발전만 거듭해왔다. 농업혁명 이후 인류는 문명이라는 오르막 발전의 그래프를 그렸고, 산업혁명 이후부터 변화의 그래프가 조금씩 가팔라지기 시작했다. 변화가 급격하게 진행되지 않았던 이들 시대에는 수렴능력의 차이가 성공의 잣대가 되었다.

성직자, 의사, 변호사, 공무원, 은행원처럼 수렴형 인재들이 사회에서 각광을 받아왔던 것도 지식과 기술 발전의 속도와 무관하지 않다. 반면에 갈릴레이, 코페르니쿠스, 다윈과 같은 창발적인 인재들은 당대에는 배타의 대상이었다.

그러나 정보사회 이후의 상황은 급격하게 달라졌다. 사회는 가파르다 못해 수직적이거나 단절하는 변화를 거듭하였다. '있다가 없어지고', '없다가 갑자기 있는' 상황이 예사롭게 거듭하는 속에서 현대사회의 사람들은 미래의 속도를 누가 빨리 읽느냐에 따라서 부의 지도가 순식간에 바뀌어나가는 것을 목도했다. 건설, 자동차, 전자산업을 이끌던 조직의 인재들은 게임, 영화, 애니메이션, 앱 등 소유possession가 아닌 접촉contact을 파는 창의적 콘텐츠 개발자들과의 경쟁에서 조금씩 밀려나기 시작했다. 바야흐로 창발적 사고를 하는 사람들의 시대가 도래한 것이다. 지금은 빌 게이츠, 조앤 롤링, 마크 주커버그, 김택진 등 창조적 인재가 개발한 콘텐츠와 스토리텔링이 새로운 부의 역사를 써

나가고 있다.

세상 변화의 패러다임을 따라잡지 못하면 도태의 숙명을 피할 방도는 없다. 그동안 창의력과 관련해서 많은 저술과 앞서가는 연구를 펼쳐왔던 전경원 교수는 매너리즘화되어버린 관성적 사고의 틀을 부수고 생각의 진화를 도모하는 방법을 이 책에서 알기 쉽게 담아냈다.

어린이 창의교육 분야뿐만 아니라 창의 컨설팅 등 교육과학자의 길을 걸어온 대가답게 '디지털 기기'로 표현되는 정보사회 속의 대중들을 이해하는 전 교수의 통찰력은 남다르다. 이 책은 수렴적 사고의 바탕 위에서도 창의적인 사고가 얼마나 중요한가를 잘 설명해준다. 우리 안에 내재되어 있는 몰입, 습관, 관심의 농도를 조절하면서 스토리텔링을 창조한다든지, 불만이라는 '부정적 사고방식'을 창발의 동력으로 바꿔내는 방법 등 전 교수가 개발한 발상적 두뇌훈련은 현대사회를 살아가기 위한 생존능력의 한 부분이라고 해도 지나침이 없다. 이 책의 학습만으로도 우리는 빠른 변화의 소용돌이 속에서 생존능력을 몇 단계 업그레이드시킬 수 있다. 다르게 생각(창의적인 사고)하는 방식이야말로 미래 사회에 꼭 필요한 능력이기 때문이다.

자기혁신이 필요한 현대인을 위한 '대중의 창의력 교과서'로 손색없는 책이 아닐까 한다.

속도 전쟁은 끝났다!

스마트 시대에는
'창의력 전쟁'에서 이기는 자가 살아남을 것이다!

모범생의 전형이었던 내가 대학 졸업 직후에 미국에 가서 처음 경험한 브레인스토밍은 충격 그 자체였다. 나는 그때까지 경험해보지 못한 특별한 공부환경에서 살아남기 위해 반강제로 창의력과 친구가 되어야 했다. 이 책은 30여 년 동안 내가 직접 몸으로 체득한 창의력 훈련의 결과물이다. 나는 이 책을 통해 아주 평범한 사람이 자신의 잠재능력을 찾아내고 창의력을 최대한 발휘하여 행복한 삶을 영위할 수 있는 방법을 알려주려 한다.

창의력에 관한 자기계발서는 종종 눈에 띈다. 이 책이 다른 책들과 차별화되는 포인트는 오로지 '당신' 자신의 창의력, 바로 개인의 창의력에 초점을 두고 있다는 점이다. 나는 진정으로 위대한 1인 1기업의 CEO로 살아남기 남기 위한 전략들을 소개할 것이다. 미래는 한 사람 한 사람이 1인 1기업의 CEO가 되는 사회가 될 것이기 때문이다.

지금 우리 사회는 디지털 시대에서 스마트 시대로 진화하고 있다. 따라서 이 사회에서 무사히 생존하려면 자신에 대한 철저한 분석과 냉철한 비판이 필요하다. 그러기 위해서는 홍수처럼 쏟아져 나오는 정보와 지식들을 예리하게 들여다볼 수 있는 '눈'이 필요하다. 지금 당신이 할 일은 세포 하나하나에 깃들어 있는 당신의 창의적인 재능이 무엇인지를 아는 것이 첫째고, 극한상황에서도 끝까지 생존할 수 있는 능력을 기르는 것이 두 번째다.

스마트 시대에서 살아남으려면 스마트 시대의 핵심을 간파해야 한다. 이제는 디지털 시대도 한물갔고, '스마트 시대'로 진화하고 있는 참이다. 스마트 시대는 속도의 시대가 아니라 창의력의 시대다. '속도 전쟁'은 끝이 났고, '창의력 전쟁' 시대의 막이 오르고 있다는 얘기다.

스마트 시대에는 당신이 지금 가지고 있는 무기만 가지고는 전혀 예측하기 어려운 극한상황에 부딪히기 십상이다. 당장 한 시간 뒤에 재해가 닥쳐올지 그 누가 예측할 수 있겠는가? 이런 상황에서 어떤 사람이 끝까지 생존할 수 있겠는가? 수많은 지식들을 내 것으로 소화하여 그것을 다재다능하게 활용할 수 있는 사람이 아니겠는가? 지금 당장 잘나가고 있는 사람도 창의력을 동반한 자기혁신을 하지 않으면 끝까지 살아남기 힘들다.

　세계는 하루가 다르게 급변하고 있다. 따라서 조금만 안주하고 게을러져도 도태되고 말 것이다. 현재 제아무리 엄청난 부를 손에 쥐고 있더라도 창의력이라는 무기가 없으면 언젠가는 뒤처지게 되어 있다.

　하늘 아래 그 어느 것도 아주 새로운 것은 없다. 때문에 조금만 주위를 관심있게 둘러보아도 새롭게 창조할 수 있는 것들이 많다. 단지 우리가 놓치고 있을 뿐이다. 지금까지의 당신 인생을 뒤돌아보며 이 책을 읽자. 당신은 정말로 하고 싶은 일에 어느 정도의 시간을 투자하면서 살고 있는가? 일이 적성에 맞지 않다는 걸 알면서도, 그런 인생을 한탄하면서도 어쩔 수 없는 것 아니냐며 직장에 나가고 있는 것은 아닌가? '분위기에 휩쓸려서', '남들이 다 하니까', '관행이니까'라는 평계를 대면서 계속해서 남들의 생각과 의견에 휩쓸리면서 살고 있는 것은 아닌가? 당신의 인생을 좀 더 귀하게, 좀 더 책임감 있게, 좀 더 진지하게 생각한다면 황금같은 당신의 시간을 허투루 낭비하는 일은 없을 것이다.

　지금 이대로 시간이 흘러간다면 10년, 20년 후에 당신의 모습이 어떨지를 생각해보자. 사람들 대부분이 자신의 인생에 대해 항상 걱정하고 있다고들 말한다. 하지만 장기적이고 미래지향적인 면에서 심각하게 고민하는 사람은 그리 많지 않다.

　스마트폰, 태블릿 등을 잘 활용한다고 해서 첨단 디지털 시대의 인재 대열에 서 있다고 생각하면 큰 오산이다. 그보다 더 중요한 것은 디지털 기기의 혁명과 연계된 새로운 시대에서 창의력을 발휘하는 것이다.

우리 인간의 두뇌는 처음에 새롭게 보이는 활동이라도 며칠 지나면 그것을 곧 지루해하는 속성이 있다. 따라서 어제와 오늘이 다르고 오늘과 내일이 다른 지루하지 않는 삶을 만들어가기 위해 창의력은 필수요건이다. 창의력을 키우는 기법이란 게 생각만큼 그리 어려운 것은 아니다. 당신은 이 책을 통하여 재미와 상상력을 두 배로 키울 수 있는 다양한 창의력 기법을 배우게 될 것이다.

바로 뒤에 이어지는 〈1년 동안 해봤어?〉 체크리스트를 통해 당신이 현재 가지고 있는 '창의력'을 점검해보고, 본격적으로 '생존을 위한 창의력'의 세계에 발을 내딛어보자.

|CONTENTS|

1장 창의적인 사람들은 끝까지 살아남는다

4장 창의력, 대체 너는 누구냐?

5장 당신의 타고난 재능을 갈고 닦아라

"1년 동안 해봤어?"

체크리스트에 OX체크를 해보자. 100개 중에서 20개 이상 O체크가 된다면 당신은
지난 1년 동안 창의적으로 살지 않은 사람이다.

운동을 할 시간이 없다. ☐
영화를 보러 갈 여유가 없다. ☐
"밥 한 번 먹자"는 말은 많이 하는데 실행하는 게 힘들다. ☐
혼자서 미술관에 간 적이 없다. ☐
좋아하는 음악을 찾아 듣는 일이 없다. ☐
요리하는 일에는 흥미를 느끼지 못한다. ☐
생소한 음식은 입에 대지 않는 편이다. ☐
메모를 거의 하지 않는다. ☐
블로그, 트위터, 싸이월드를 하지 않는다. ☐
나는 매력적인 외모를 갖고 있지 않다. ☐

탈모가 시작되는 것 같아 불안하다. ☐
아침을 자주 거른다. ☐
점심을 대충 때운다. ☐
식사를 제 시간에 못하는 편이다. ☐
점심식사 메뉴가 거의 비슷하다. ☐
아침을 못 먹어 점심때까지 참기 힘들다. ☐
식사 주문을 할 때 "아무거나요", "똑같은 걸로 주세요"라는 말을 자주 한다. ☐
어떤 일에 몰입하는 경우가 거의 없다. ☐
땀을 흠뻑 흘리며 운동을 해보지 못했다. ☐
소설책을 읽으면서 킥킥거리며 웃어본 적이 없다. ☐

Survival,

낮잠도 못 잘 정도로 회사 일이 너무 많다. ☐
낮잠 한번 실컷 자고 싶다. ☐
자신감이 없어 무력감을 느낀다. ☐
의기소침해서 새로운 일에 도전하지 못한다. ☐
새로운 맛집을 찾아가 본 적이 없다. ☐
최근에 새 옷을 산 적이 없다. ☐
가끔 입에서 구취가 난다. ☐
가끔 몸에서 불쾌한 냄새가 나는 것 같다. ☐
종종 에너지가 완전히 방출되어 기진맥진한다. ☐
회사나 학교에 가기 싫었던 적이 있다. ☐

어제가 오늘 같고, 오늘이 어제 같다. ☐
주변 사람들에게 신선함을 느끼지 못한다. ☐
눈이 오면 귀찮다는 생각이 먼저 든다. ☐
비 오는 날에 낭만을 느껴본 적이 없다. ☐
새로운 일을 시작하기가 두렵다. ☐
매일 같은 방법으로 직장이나 학교에 도착한다. ☐
너무 바빠서 여행을 가지 못하고 있다. ☐
액세서리(넥타이, 구두, 가방, 타이핀 등)에 색다른 변화를 주지 않는 편이다. ☐
가끔 스타일리시한 룩을 연출해보고 싶다는 생각을 한 적이 없다. ☐
내 의상이 다른 사람들 속에서 튀는 게 싫다. ☐

패션에 별로 관심이 없다. □

옷장은 거의 비슷한 색상의 옷들로 가득하다. □

헤어스타일이 거의 바뀌지 않는다. □

1년 동안 폭삭 늙어버린 것 같다. □

정신줄을 놓고 신나게 웃어본 적이 없다. □

웬만한 유머에는 웃음이 나오지 않는다. □

유머를 사용해본 적이 없다. □

평소에 잘 웃지 않는 편이다. □

재미있는 유머를 듣고 남에게 들려준 적이 없다. □

신문이나 인터넷에 있는 유머에 눈길을 주지 않는다. □

유머감각이 뛰어나서 사람들을 즐겁게 하는 사람이 부럽다. □

개그 프로그램이 나오면 다른 채널로 돌린다. □

나는 참 재미없는 사람이다. □

남들이 내 존재감을 잘 모른다. □

회식이나 모임에서 내가 빠져도 다른 사람들은 별로 개의치 않는다. □

업무와 관련된 책 말고는 다른 책을 읽을 시간이 없다. □

직장 동료 외에 친한 친구를 만날 시간이 없다. □

최근 영화관에서 어떤 영화가 상영되는지 잘 모른다. □

요즘 인기 있는 드라마가 뭔지 잘 모른다. □

혼자 커피를 마시고 싶어 커피숍에 간 적이 없다. □

"1년 동안 해봤어?"

커피숍에 앉아서 일하고 싶다고 생각한 적이 없다. ☐

나의 주요 관심사는 승진이다. ☐

아이디어를 기록해본 적이 없다. ☐

나 자신을 위해 시간을 투자한 적이 거의 없다. ☐

휴식이나 휴양이라는 단어는 나와 거리가 멀다. ☐

열심히 일하는데 돈은 내게서 자꾸 멀어지는 것 같다. ☐

나는 창의력이 부족하다고 느낀다. ☐

회의나 발표시간에 새로운 아이디어를 발표할 용기가 없다. ☐

회의나 발표시간에는 남들의 의견을 듣는 편이다. ☐

신선한 아이디어가 떠오르지 않아 고민을 많이 하는 편이다. ☐

가끔씩 잇몸이 들썩이고 아픈 것 같다. ☐

햇빛을 쬘 수 있는 시간이 별로 없다. ☐

화장실에 오래 머무는 편이다. ☐

사소한 일에 행복해하는 사람을 보면 이상하다고 느낀다. ☐

주변에서 자뻑 증세나 근거 없는 자신감을 보이는 사람을 보면 유치해 보인다. ☐

어린애 같은 행동을 하는 사람을 보면 부럽다. ☐

근래 미치게 재미있었던 적이 없다. ☐

그날이 그날 같아서 별로 신나는 일이 없다. ☐

하루하루가 참 지루하다. ☐

재미없는 인생이다 보니 한숨을 자주 쉬는 편이다. ☐

지나가는 사람들을 관찰하는 일에 흥미가 없다. □
사람들에게 별 관심이 없다. □
누군가를 열정적으로 사랑해본 적이 없다. □
어떤 일에도 감흥이 없는 편이다. □
호기심이 생기는 일이 별로 없다. □
신나게 놀아본 적이 없다. □
지금처럼 내내 살아도 괜찮을 것 같다. □
모험을 하고 싶은 생각이 없다. □
변화가 싫다. □
타인의 시선을 의식하는 편이다. □

타인의 시선을 개의치 않는 사람들이 부럽다. □
부모님의 눈치를 많이 본다. □
원하는 물건을 사기 위해 인터넷쇼핑에 빠져본 적이 없다. □
친구와 장시간 전화통화를 한 적이 거의 없다. □
선택을 할 때마다 꾸물거리는 편이다. □
누군가로부터 '창의적'이라는 소리를 들어본 적이 없다. □
대인관계가 좋은 편이 아니다. □
남들과 이야기하는 것을 좋아하지 않는다. □
내 이야기를 남에게 잘 안하는 편이다. □
새로운 사람을 만나는 게 싫다. □

O가 50개 이상이라면 당신의 창의력의 불씨가 서서히 꺼져가고 있다는 증거다. 당신이 가진 창의력의 불씨를 꺼뜨리고 있는 환경은 무엇인가? 당신의 창의력에 찬물을 끼얹는 사람은 누구인가?

곰곰이 생각해보자. 무엇인가가, 누군가가 떠오른다면 지금 당장 그 환경과 사람에게서 탈출하라. 그래야만 당신 스스로 창의적인 인생을 만들 수 있다.

Survival,
The Creative

1장

창의적인 사람들은
끝까지
살아남는다

나만의 생존 매뉴얼이 필요하다

전 세계적으로 지금은 심각한 격변기다. 경제문제, 환경문제뿐만 아니라 재앙에 가까운 자연재해는 미래에 대한 불확실성을 가중시키고 있다. 이와 같은 격변기 한가운데에 서 있다는 것을 의식하지 못하고 타성에 젖어 있다면 당신은 머지않아 휴업이나 폐업 상태에 처할지 모른다. 변화무쌍한 시대에 적응하지 못하면 결국은 도태되거나 멸종하게 된다는 말이다. 하지만 변화와 싸워 이길 수 있는 자신만의 무기, 즉 창의력이 있으면 끝까지 살아남을 수 있다. 그래서 창의력은 생존의 문제와 직결된다.

세계의 모든 나라는 너나 할 것 없이 창의력 교육에 승부수를 던지고 있다. 더욱이 창의력 교육은 국가 경쟁력을 강화하기 위한 정책의 하나로도 인정받고 있다. 미국은 '국가혁신 2005'라는 법안을 만들어 창의력 교육을 강화하기 위한 전략을 마련했고, 유럽은 2009년을 '유럽 창의력과 혁신의 해'로 선포하여 창의력 교육과 훈련을 통한 범국민적인 창의력 증진을 결의하였다. 우리나라에서도 창의력에 대한 관심이 날로 높아지고 있다.

행복한 생존자로 살아남아라

근래에는 지진이나 쓰나미, 허리케인, 가뭄과 같은 자연재해로 지구촌 곳곳에서 고통을 받고 있고, 우리나라 역시 폭염과 폭설, 한파 등의 이상기후로 때마다 몸살을 앓고 있다. 뿐만 아니라 눈에 보이지 않는 슈퍼박테리아와 같은 미생물이 인류의 생존을 위협하고 있다. 의학자들은 슈퍼박테리아가 창궐하면 흑사병에 버금가는 끔찍한 재앙이 재현될 수 있다는 살벌한 경고를 내놓고 있다.

이처럼 우리는 다양한 종류의 재난과 자연재해 앞에서 '살아남기 위해' 또는 '그럼에도 불구하고 행복해지기 위해' 자기만의 대처능력을 갖춰야만 한다. 당신은 어느 날 갑자기 닥쳐올지 모르는 최악의 시나리오에 대처할 수 있는 능력을 가지고 있는가? 내가 말하는 능력이란 당신이 ‘행복한 생존자’로 살아남을 수 있는 창의적인 아이디어를 가리킨다.

디지털 혁명시대에서 스마트 시대로 넘어가고 있는 오늘을 살아가려면 당신을 위한 실천 가능한 ‘생존 매뉴얼’을 만들어야 한다. 그러기 위해서는 자기 자신만의 생존전략이 필요하고, 위기대응 매뉴얼도 준비해야 한다. 그리고 그 매뉴얼을 구체적으로 채워나갈 창의적인 능력을 계발해야 한다. ‘노인’ 소리를 듣는 나이가 되더라도, 어느 날 갑자기 불의의 사고를 당하더라도, 끔찍한 자연재해를 입는다 해도 생존할 수 있는 창의력이 필요하다. 나이가 들어 직장을 떠나야 한다거나, 회사의 구조조정으로 전혀 예상치 못한 시점에서 실직을 당하거나, 불의의 교통사고를 당하게 되더라도 살아남을 수 있는 ‘열쇠’를 준비하자. 나는 그 열쇠가 창의력이라고 생각한다. 이 시대를 사는 우리에게 창의력은 생존수단의 하나인 것이다.

사람들의 생존경쟁에 관한 고도의 심리전을 면밀하게 그려낸 영화 ‘이그잼’은 세계 최고기업의 입사시험 과정에서 벌이는 치열한 투쟁을 가감없이 보여준다. 숨이 턱 막힐 것 같은 음산한 분위기의 밀실과, 창문 하나 없이 오직 8개의 책상과 의자만 덩그러니 놓여 있는 공간, 전운과도 같은 최고조의 긴장감이 감도는 시험장에서 서로 다른 성별과 인종, 외모를 가진 응시자 8명이 지적인 두뇌 경쟁을 벌인다. 내가 이 영화를 언급하는 것은 비단 영화뿐만 아니라 실제 세계에서도 이와 같은 일이 일어날 수 있기 때문이다. 물론 영화 속에서야 다소 과장된 장면이 있겠지만, 창의력을 자유자재로 활용할 수 있는 사람이 최종적으로 선택되거나 승자가 되는 것은 우리 현실에서도 다르지 않다.

'창조적 계급creative class'이라는 용어를 만든 미국의 사회학자 리처드 플로리다 교수는 "창의적인 계층이 새로운 주류세력으로 부상하게 될 것"이라고 예측하였다. 창의적인 계층이란 세계 어디에 있든 네트워크를 통해 창의력을 발휘하고, 새로운 부가가치를 창출하는 집단을 가리킨다. 그는 《도시와 창조계급》이라는 저서에서 현재 선진국에서는 생업에 종사하는 사람들의 25~50퍼센트가 창조적 영역에 종사하고 있다고 전하면서, 미래에는 점점 더 많은 사람들이 창조적 계급에 종사하게 될 것이라고 주장했다.

창의적인 종이 살아남는다

미래 사회는 창의력이 없으면 '생존' 자체가 위협받을 수 있는 무서운 세상이다. 이것이 우리가 창의적으로 진화해야 하는 첫 번째 이유이다.

이 책을 읽고 있는 당신이 아직은 30대이고, 잘 나가는 대기업에 몸담고 있는 직장인이라면 요즘 같은 실업대란 시대에서는 다른 사람들에 비해 즐거운 인생을 살고 있다고 자부할 수 있을 것이다. 그런데 40 대에 그 '잘나가던' 직장에서 갑자기 명퇴를 당한다면 어떨까? 전혀 창의적이지 않은 사람이라면 눈앞에 펼쳐진 험난한 삶에 대해 아무런 대책도 내놓지 못하고 망연자실하게 되지 않을까?

'생존'이란 문제는 비단 인간에게만 해당되는 것이 아니다. 살아있는 생명체라면 어떤 형태로든 살아남기 위해 하루 24시간 365일을 고군분투한다. 프랑스의 유명한 다큐감독인 자크 페렝의 영화 '오션스'를 보면 생존하기 위해 사투를 벌이는 바다생물들의 삶을 들여다볼 수 있다. 온갖 첨단기술을 이용해 진기한 바다생물들의 생태를 담아낸 이 영화는 영상미가 얼마나 뛰어난지 두 시간 동안 바닷속 여행을 다녀온 듯한 감동이 밀려온다. '오션스'는 100종이 넘는 다양한 해양생물체들이 그 주인공이다. 개성 넘치는 주인공들은 영화 속에서 자신만의 특성을 잘 보여준다. 어른 키의 두 배가 넘는 해파리와 무려 4억 년간 모습이 변하지 않아 '살아 있는 화석'이라 불리는 투구게, 수많은 거미게가 한곳으로 모여서 게 탑을 쌓고 있는 모습은 경이롭기까지 하다. 또한 생존하기 위해 담요처럼 위장하는 담요문어의 창의력과, '스타워즈'를 연상케 하는 케이프 가넷의 사냥 본능─하늘을 날아다니던 수십 마리의 새들이 미사일처럼 물속으로 다이빙해서 들어가는 장면이 나온다─역시 생존을 위해 삶의 패턴을 창의적으로 진화시킨 것이다.

생존과 멸종 사이에서 하루하루를 전쟁처럼 살아내고 있는 그들과 우리는 크게 다르지 않다. 삶의 패턴을 창의적으로 진화시키지 않으면 도태되거나 멸종되는 것은 자연의 섭리인 것이다.

사람이나 바닷속 해양생물뿐만 아니라 국가도 오랜 기간 방치하면 무너진다. 한때 유럽 최고의 성장국가로 칭송받았던 아일랜드도 구제 금융 국가로 몰락할 위기에 놓이지 않았는가. 아일랜드 정부는 2008 년에 시작된 국제금융위기의 여파로 경기가 나빠지자 재정위기가 초 래되었다. 2년 이상 고강도의 긴축정책으로 금융위기에 맞섰지만 끝 내 이를 극복하지 못하고 현재 EU와 IMF 등으로부터 긴급 구제금융 을 받는 절차를 밟고 있다.

하나의 국가가 이럴진대 일개 개인은 말할 것도 없지 않겠는가. 지 금 잘나간다고 자만에 빠져서는 안 된다. 긴장을 늦추는 순간 균열과 붕괴가 시작될 것이다. 그것이 영원한 도태로 이어질지는 아무도 모르 는 일이다.

미래를 읽는 사람에게
위기는 없다

우리가 미래에 대처할 수 있는 유일한 방법은
예측하지 못한 일이 발생할 수 있는 것에 대비하는 것이다.
_ 말콤 글래드웰

창의력이 뛰어난 사람에게는 미래를 예측할 수 있는 '선견력'이 있다. 선견력은 21세기의 CEO들에게만 필요한 능력이 아니다. 나에게도, 당신에게도 반드시 필요한 능력이다. 몇십 년 몇백 년 후는 아니더라도 적어도 5년이나 10년 정도는 예측할 수 있는 안목을 갖고 있어야 한다.

UN과 몇몇 기관들의 전망에 따르면 2030년에는 100세 이상의 장수 인구가 220만 명에 달할 것이라고 한다. 우리가 100세까지 살게 된다면 어떤 일이 일어날까? 이와 같은 불확실한 미래에 생존 전략책으로 꼭 필요한 것이 바로 창의력이다. 지금은 예측이 불가능한 먼 미래

로만 느껴져서 막연한 불안감이 생기겠지만 창의력을 가지고 있는 사람들은 무슨 일이 일어나도 당황하지 않고 당당하게 생존할 수 있다.

그러기 위해서는 구체적이고 현실적인 사실을 토대로, 미래 사회에 자신이 어떻게 적응하고 창의적으로 살아갈 것인지에 대해 끊임없이 고민하고 예측해야 한다. 당신의 인생에 관한 미래 시나리오를 써본 적이 있는가? 그런 경험이 아예 없거나 판에 박은 듯한 시나리오만을 떠올렸다면 지금부터라도 정말로 창의적인 시나리오를 구상해보자. 그런 다음, 당신이 떠올린 하나의 시나리오를 두세 가지 시나리오로 확장시키자. 또한 당신이 생각할 수 있는 극한상황의 시나리오도 만들어보자. 어떤 돌발상황이 발생해도 심장마비를 일으키지 않을 정도로 창의적인 생존 시나리오를 써보는 것이다. 끔찍한 자연재해로 모든 것을 잃었다면 그때는 어떤 시나리오로 생존할 것인가?

선견력, 타고나는 게 아니라 만들어진다

미래를 상상하지 않고, 현재에만 안주한다면 당신의 인생은 '운명'이라는 그럴싸한 명목에 의해 이리저리 끌려다니게 될 것이다. 그렇다면 당신의 하루하루는 극단적인 지루함에 빠질 위험도 크다. 물론 미래를 예측한다는 것은 쉬운 일이 아니다. 하지만 미래학자들의 이야기에 귀를 기울이고, 앞으로 도래할 세상에 대한 예측과 그에 대한 적절한 대비도 생존전략의 하나다.

훌륭한 창의력은 선견력에서 나온다. 선견력은 어떤 일이 일어나기 전에 미리 앞을 내다보고 아는 힘이다. 선견력을 키우기 위해서는 미래의 우리 사회가 어느 방향으로 흘러가고 있는지를 주의깊게 관찰해야 한다. 다양한 정보를 신속하고 빠르게 접하려면 무엇보다도 신문 읽기와 속독이 필수다. 그중에서도 신문은 꼭 필요하다. 적어도 하나는 아주 꼼꼼하게 읽을 필요가 있다. 그리고 가능하면 스마트 폰이든, 기존의 신문으로든 새로운 정보를 빠르고 신속 정확하게 읽어내야 한다. 이 과정을 꾸준히 반복함으로써 지혜로운 선택을 할 수 있는 안목이 생기면 어느 정도 선견력이 만들어지게 된다. 1인 1기업가의 자세로 자신을 비장의 무기로 연마하자. 100세까지 녹슬지 않도록 말이다.

당신이 아직 20대라면, 그래서 선견력이 부족하다면 선견력이 있는 멘토를 가까이 하면 어떨까? 20대 초반에 나는 내 인생에 중요한 선견력을 선물로 주셨던 정신적 멘토가 있었다. 박사과정 지도교수였는데, 나에게 "앞으로 10년 뒤에는 한국에서도 창의력, 영재교육이 필요할 것이다. 지금은 창의력 교육의 필요성을 체감하지 못하겠지만 분명히 그런 날이 올 것이다"라고 말씀하셨다. 그 조언에 따라 나는 1980년대 초반부터 창의력과 영재교육 분야에 정진했다. 뛰어난 지도력과 선견력으로 내게 선견력을 지니도록 길잡이 역할을 해주셨던, 지금은 고인이 되신 존 펠듀슨 교수님께 감사를 드린다.

그러면 우리의 미래는 어떤 모습일까? 미래의 특성은 다양하지만, 그중에서 가장 확실한 것은 '다중 정체성'이라고 한다. 수명이 연장되어 100세 이상 살게 되면 아이를 두 번 키울 수도 있고, 은퇴 후에 다시 대학에 입학할 수도 있고, 50대 중반에 새로운 직장을 가질 수도 있으며, 80세에 결혼을 준비하는 사람이 나올 수도 있다는 말이다. 한마디로 미래에는 여러 가지 정체성을 갖고 살게 된다. 따라서 자신이 학습한 것을 다양한 형태로 재편성해서 유용하게 사용할 수 있는 창의력을 발휘할 수 있어야 한다. 그것은 여러 가지 인생 경험과 경력을 조화롭게, 동시에, 또는 차례로 배치하는 데 창의력을 발휘하는 것을 말한다.

다중 정체성 시대, '반전'을 준비하라

길어진 인생은 마치 롤러코스터를 탄 듯 여러 번 위기를 맞이하게 될 것이다. 즉 '다중 정체성'의 시대에는 과거의 '단일 정체성' 시대에는 고민하지 않아도 되었던 갈등과 위기에 대비해야 한다는 뜻이다. 이를테면 노인 같지 않은 노인들, 아이 같지 않은 아이들, 성장체계의 변화등이 바로 다중 정체성 시대의 모습일 것이다. 20세에 중년의 위기를 맞이하는 사람도 있을 것이고, 주름이 전혀 없는 70세 노인도 나타날 것이다. 외모나 옷차림을 보고 나이를 추측하는 게 그만큼 어려운 세상이 될 것이다.

이러한 다중 정체성 시대에는 단일 정체성의 시대보다 몇 배의 창의력이 필요해진다. 창의력이 없다면 우리는 지독한 위기감과 불행감을 느끼게 될 것이다. 그렇다면 지금처럼 단일 정체성의 시대가 지속되면서 수명만 연장된다면 어떻게 될까? 지금처럼 창의력이 없는 상태에서 수명만 연장되다면 침대에 누워 하루 종일 벽지 그림만 보면서 한숨만 쉬며 살게 될 수도 있다. 당신의 인생에서 생동감 넘치는 반전 소설을 쓰려면 '창의력'은 필수 중의 필수다. 만일 스스로 창의력이 부족하다고 생각한다면 당신의 가까운 미래를 위해 지금부터라도 새로운 창의력 기술을 익혀야만 할 것이다.

미래 사회의 필수조건은
'스마트한 선택'이다

실패한 결정 10개 중 8개는 판단을 잘못해서가 아니라
'제때' 결정을 못내렸기 때문이다.
_ 짐 콜린스

"죽은 말을 타고 있다는 것을 알았을 때는 얼른 말에서 내리는 것이 최선이다"라는 다코타 부족의 경구가 있다. '죽은 말'을 타고 있는 것처럼 진전이 없는 문제에 매달리는 것은 소모적인 일이다.

나치의 강제수용소에서 삶의 의미를 잃지 않고 꿋꿋하게 죽음의 문턱을 넘어 살아남은 빅터 프랭클 역시 "당신이 가진 최고의, 그리고 최후의 자유는 바로 '선택'할 수 있는 자유이다"라고 말한 바 있다.

하지만 선택의 범위가 너무 넓다면 문제는 달라진다. 지금처럼 선택지가 많아진 시대에서는 더 빨리, 더 현명하게 '선택'하는 법을 익혀야 한다. 여러 가지 선택지 앞에서 우왕좌왕하다가는 오히려 불행을 초래

할 수도 있다. 이제는 '스마슈머Smasumer'의 시대다. '현명한 소비자'를 지칭하는 이 스마트한 컨슈머Smart Consumer들은 스마트 기기를 사용해서 가장 현명한 선택을 한다. 가격과 품질에서 눈속임을 할 수 있는 시대는 이미 지났다. 오늘 우리에게 내려진 문제는 선택의 폭이 점점 더 넓어지면서 가장 저렴하고 품질이 좋고 내 취향에 가장 잘 맞는 것을 선택하는 게 어려워졌다는 것이다. 스마트한 의사결정과정을 거쳐 스마트한 최종선택을 하기 위해서는 다양한 정보를 신속하게 읽고 분석, 평가할 수 있는 스마트한 뇌를 갖고 있어야 한다. 스마트 시대는 디지털 시대처럼 단순히 속도가 빠른 시대가 아니다. 바로 창의력을 요구하는 시대인 것이다.

위기 상황에서의 탈출도 선택의 문제다

촛불시위가 벌어졌을 때 사람들이 가장 많이 접했던 매체는 TV 뉴스나 신문이 아니라 블로그와 유튜브, 아프리카 같은 1인 미디어였다. 유럽의 폭설, 미국을 강타한 카트리나와 같은 재해현장 소식을 가장 먼저 전한 매체도 트위터였다. 2011년 3월 11일, 일본에 대지진이 일어났을 때도 통신두절은 됐지만 트위터는 작동되었다고 한다.

가장 빨리 소식을 접했어도, 어떤 방법을 선택하는가에 따라 생과

사의 기로에 놓일 수 있다. 선택을 잘못하면 죽을 수도 있다는 말이다.

911 테러사건 때 선택을 잘한 몇몇 사람들은 생존할 수 있었다. 88층에 있던 직원들은 탈출해서 거의 모두 살아남았지만, 89층에 있던 직원들은 그 자리에서 거의 다 죽었다.

《히든 브레인》의 저자 샹커 베단텀은 이를 무의식의 세계와 집단행동으로 설명하고 있는데, 이를 '선택'의 입장으로 생각해보자. 당신이 911 테러 당시에 그 건물에 있었다면 폭발 소리를 듣고 어떻게 행동했을까? 다른 사람들이 그 자리에 그대로 있으니 당신도 그 자리에 남아 있었을까? 아니면 당신의 동물적인 감각을 발휘해서 그 자리를 신속하게 탈출했을까? 이것은 일종의 '선택'의 문제다. 사람들은 이 같은 위기 상황에서 자신의 경험과 정보를 바탕으로 선택을 한다.

이때 창의적인 뇌를 가진 사람은 후회 없는 스마트한 결정을 내릴 것이다. 그러나 평소 창의력이 없었던 사람은 다양한 정보를 찾아 읽고 분석하는 데 많은 시간만 소모할 뿐 정작 위기 상황을 모면하는 데는 실패한다. 즉 창의력을 가지고 있지 않은 사람은 스마트 시대에 도태될 수 있다는 말이다.

3, 40대가 되었는데도 아직까지 자신의 재능이 무엇인지 찾지 못해 전전긍긍하고 있다면 이제는 결정을 내려야 할 때다. 인생은 어떤 선택을 하는가에 따라 크게 달라진다. 자신의 성격이나 문제점 등은 누구보다 자신이 가장 잘 알고 있다. 그것을 토대로 현명한 선택을 내려

야 한다.

정신없이 쏟아져 나오는 수많은 물건과 다양한 기회 앞에서 선택을 할 때는 창의력을 발휘해야 한다. 자신에게 진정한 행복을 가져다줄 선택을 창의적으로 해야 하는 것이다. 점심 한 끼, 영화 한 편을 선택하는 데도 창의적인 선택을 해야 행복한 인생을 살 수 있다.

선택을 잘하는 사람은 잘 버리는 사람

우리는 늘 선택을 한다. 그 중요한 선택을 잘못하면 인생 자체가 완전히 달라질 수 있다. 영화 '트레인스포팅Trainspotting'에서 이완 맥그리거(마크 렌턴 역)는 "Choose your life, Choose your career, Choose your job. Choose your future"라고 외쳤다. 당신은 과연 당신의 인생과 경력, 직업, 미래 등을 심사숙고해서 선택했는가? 영화에 이런 대사가 나온다.

"Choose life.
Choose a job.
Choose a career.
Choose a family.
Choose a television.

Choose washing machines, cars, compact disc players
and electrical tin openers.
Choose good health, low cholesterol, and dental insurance.
Choose fixed interest mortgage repayments.
Choose a starter home.
Choose your friends.
......
Choose your future.
Choose life.
But why would I want to do a thing like that?
I chose not to choose life."

당신이 선택하는 과정을 찬찬히 관찰해보자. 물건을 하나 구입하거나 영화 한 편을 선택할 때, 스마트폰에서 앱 하나를 선택할 때 당신은 어떤 과정을 거치는가? 단시간 내에 당신을 만족시킬 제대로된 물건이나 아이템을 선택해 왔는가? 아니면 선택하는 데 들었던 긴 시간만큼을 기다려서 물건을 받아보고는 마음에 들지 않는다고 다시 반송하는 시간 낭비를 했는가? 그러한 소모적인 구매습관 때문에 당신은 귀한 시간을 낭비했을 것이다. 선택을 잘하는 것도 훈련을 통해서 가능하다.

만일 당신이 의사결정을 하는 데 어려움을 느끼는 우유부단한 성격의 소유자라면 명상을 해보면 어떨까? 명상은 의사결정 속도를 높여준다. 요기가 창시한 초월명상은 기억력, 집중력은 물론이고 의사결정력을 높여주는 것으로 나타났다.

또한 현명하게 선택하려면 쓸모없는 것을 제대로 골라 버릴 줄도 알아야 한다. 예를 들어 데이터의 홍수 속에서 허우적거리지 않으려면 적절하게 버리고 정리할 줄 알아야 한다는 말이다. 이처럼 선택을 잘하고 잘 버릴 줄 알아야 창의력을 발휘할 수 있다. 너무 많은 정보와 넘치는 인간관계 속에서는 반드시 현명한 선택을 해서 창의력을 확보할 수 있는 공간을 만들어야 한다. 그것을 할 수 있는 사람은 바로 당신 자신이다. 누군가 대신해줄 수 없는 영역의 일이라는 말이다.

시간을 부리는 '주인'이 되어라

당신이 이 세상에 태어나면서 선물 받은 시간은 어느 정도일까? 당신은 그 시간들을 아주 귀하게 잘 사용하고 있는가? 세상에 시간처럼 귀한 보물은 없다. 그 귀한 시간을 물 쓰듯 허비하고 있지는 않은가? 당신 자신의 시간활용 습관을 확대경으로 들여다보며 세밀하게 관찰해보자. 주중을 생각해보고, 주말과 휴일을 생각해보라. 일하는 낮 시간은 어떻고, 직장을 벗어난 밤 시간은 어떤가? 새벽에 일찍 일어나는 사람이라면 그 시간도 떠올려보라.

시간활용은 모든 사람들에게 정말 중요하다. 나는 시간을 사랑했던, 그래서 '시간을 정복한 남자'라 불리는 알렉산드로 류비세프를 좋아한다. 그가 괴력에 가까운 학문적 열정과 방대한 양의 창의적인 성과물을 남길 수 있었던 비결은 철저한 시간관리와 왕성한 지적호기심 덕분이었다. 그는 자신이 사용한 시간을 평생에 걸쳐 철저하게 관리하고 기록했다. 그는 나름의 시간통계법을 만들어 자신이 한 일들을 관리했는데, 이를 통해 몇 가지 생활원칙을 지킬 수 있었다고 한다. 첫째, 의무적인 일은 맡지 않는다. 둘째, 시간에 쫓기는 일은 맡지 않는다. 셋째, 피로를 느끼면 바로 일을 중단하고 휴식을 취한다. 넷째, 열 시간 정도는 충분히 잠을 잔다. 다섯째, 힘든 일과 즐거운 일을 적당히 섞어 한다.

그 다음으로 내가 좋아하는 사람은 표도르 도스토예프스키다. 사형선고를 받았던 그에게 사면의 순간이 왔을 때 그는 남은 일생을 단 한 순간도 허비하지 않겠다고 다짐했다. 그는 삶이 무한하다는 환상을 버리고, 매일매일을 마지막 날인 듯이 일상생활에 진지하게 임했다. 그의 좌우명은 "최단시간 내에 가능한 한 빨리 끝내기"였다고 한다. 좌우명대로 그는 죽는 날까지 미친 듯한 속도로 《죄와 벌》, 《악령》, 《카라마조프의 형제들》을 발표했다.

시간관리가 답이다

수영선수 박태환이나 세계 신기록을 경신한 육상선수 우샤인 볼트에게는 0.001초가 남들과 다른 의미로 다가올 것이다. 0.001초 차이로 세계 신기록을 깰 수도 있기 때문이다. 물리적이고 객관적인 시간인 '크로노스^{Chronos}'와 특별하고 의미있는 주관적인 시간인 '카이로스^{Kairos}'를 생각해보자. 보통 사람들은 자신에게 주어진 24시간을 크로노스의 흐름에 맡기지만 창의적인 사람은 주어진 시간을 자신과 타인에게 유익한 카이로스의 시간으로 만들 줄 아는 혜안을 지니고 있다. 카이로스의 시간을 잘 활용하여 자신만의 특별한 시간으로 만드는 것이다.

당신은 주말에 예식장으로 가는 날이 얼마나 되는가? 정말로 가고 싶어서 가는 편인가, 아니면 친구나 친지들의 눈치를 보면서 가는 경우가 더 많은가? 형식적으로 어쩔 수 없이 참석하는 횟수가 많다면 주말에 예식장에 가는 횟수를 줄여보는 건 어떨까? 지금까지 참석했던 예식에 어느 정도의 시간을 투자했는지 대충 계산해보자. 어림잡아 1년에 100시간? 200시간? 나이가 들수록 그 시간량은 더욱 많아지게 될 것이다. 한번 심각하게 생각해볼 일이다. 예식장에 가는 것보다 시간을 더 잘 사용할 수 있는 방법이 있지 않을까?

사람들은 내게 서울에서 광주를 오가며 어떻게 그렇게 많은 책을 만들 수 있느냐고 물어온다. 그 비결은 바로 '시간관리'에 있다. 비행기 안에서, 달리는 차 안에서, 연구실에서, 교수 기숙사에서 나는 틈틈이 아이디어를 메모하고 수집해서 책을 만든다. 남들이 보기에 무척 바쁘고 시간이 부족할 것 같지만 당사자인 나는 시간이 넉넉하고 일을 할 여유가 충분하다. 나에게 주어진 시간을 보물처럼 경건하게 아껴 쓰기 때문이다.

특히 우리나라 여성들은 주어진 시간을 더 가치 있게 활용할 수 있는 각자의 방법을 마련해야 한다. 최근 통계청이 발표한 '2009년 국민 생활시간 조사보고서'에 따르면 맞벌이 주부들의 하루 가사노동시간량은 2시간 38분이고, 맞벌이 남편들의 하루 가사노동시간량은 19분이다. 이런 상황을 통째로 바꿀 수 없는 현실이라면 울며 겨자 먹기로 창의력을 좀 더 발휘할 수밖에 없다.

맞벌이 여성이라면 자신이 자투리 시간에 뭘 하는지, 집중력이 높은 시간대를 어떻게 활용하고 있는지 관찰해보자. 자투리 시간과 집중시간만 잘 활용해도 창의력과 놀 수 있는 기회는 많다. 또한 시간을 절약하기 위해서는 다른 사람보다 10분 일찍 식사를 하러 가거나, 사람들이 몰리는 쇼핑시간대를 피하는 것도 시간을 벌 수 있는 좋은 방법이다. 조금만 지혜롭게 움직여도 시간을 두 배로 활용할 수 있다.

바쁠수록 창의성이 필요하다

창의적인 사람은 자신의 시간을 스스로 통제하고 조절하고 자유롭게 사용할 수 있는 사람이다. 당신은 항상 시간에 쫓기는 듯한 인상을 풍기며 "밥 먹을 시간이 없다", "잠 잘 시간이 부족하다", "영화보러 갈 시간이 없다"고 불평하는 시간의 노예인가? 혹은 시간의 눈치를 보며 사는 사람은 아닌가?

적어도 시간에 구애받지 않고 하고 싶은 일을 마음껏 할 수 있는 사람은 창의력을 발휘할 확률이 높다. 언제나 시간에 쫓기는 사람은 노년기가 되어서도 "젊을 때에는 하고 싶은 일이 참 많았는데 바빠서……"라고 시간이 없어서 그 일을 못했다고 말할 게 틀림없다.

당신에게 주어진 귀한 시간의 주인은 바로 당신이다. 마음이 끌리는 대로 계획하고 실행할 수 있는 사람은 당신 자신뿐이라는 것을 기억하라. 하루를 돌이켜보면 별로 한 일도 없는데 "시간이 없다"는 말을 입에 달고 살지는 않았는지 뒤돌아보라.

오늘 하루 당신의 시간을 카이로스의 개념으로 잘 활용했는가? 시간이 부족하다고, 시간이 없다고 불평하지 마라. 당신도 잘 알다시피, 시간은 누구에게나 공평하게 주어진다. 단지 시간이라는 에너지를 창의적으로 부리는 사람과 그렇지 못한 사람이 있을 뿐이다.

당신은 당신에게 주어진 시간을 마음대로 사용할 권리를 가지고 있

다. 그 권리를 포기하지 마라. 시간에 치이고 허덕이며 아등바등 살라
는 말이 아니다. 시간의 본질을 이해하고 창의력을 발휘하는 시간으로
사용하라는 것이다. 한 줄의 글도 좋고, 한 장의 그림도 좋다. 당신의
창의적인 잠재능력을 위해 시간을 사용하자. 시간을 허술하게 관리하
면 시간은 그야말로 속절없이 사라지고 만다. 자유로움을 만끽하고 속
박에서도 벗어나려면 류비세프처럼 시간을 정복하라. 그것도 지금부
터 당장!

인터넷에 이런 이야기가 떠돈다.

"80년을 산 스위스의 한 노인이 자신의 삶을 뒤돌아본 결과, 잠자는
데 26년, 일하는 데 21년, 먹는 데 6년, 차나 사람을 기다리는 데 5년,
담배 피우는 데 3년 등이었지만 행복했던 시간을 헤아려보니 불과 46
시간밖에 되지 않았다고 한다. 독일의 대문호 요한 볼프강 괴테는 일
생에서 정말 행복했던 시간은 15분이 채 되지 않는다고 고백했다. 천
하를 호령했던 나폴레옹 역시 진정으로 행복했던 시간은 일주일도 안
된다고 하였다."

자, 당신의 인생을 돌아보라. 지금까지 살면서 행복했던 시간은 모
두 몇 시간이나 되는가?

Survival, The Creative

2장

세상을 바꾸는
사람들은
창의적인 습관이
만든다

평생 몰입할 것을 찾아라

몰입은 삼매경에 빠지는 상태, 일종의 무아지경 상태라고 보면 된다. 심리학에서 말하는 몰입은 자아실현 단계에서 자신의 능력을 최고의 단계로 끌어올리는 최고의 경험이다. 몰입 상태에서는 도파민이 생성되어 각성과 쾌감을 느낄 수 있다. 그래서 주의집중력이 더욱 높아지고, 최대의 지적 능력을 발휘하게 되고, 희열을 느끼고, 삶의 의욕과 행복감을 느끼게 된다. 즉 단순한 행복감이 아닌, 행복의 절정상태에 이르게 되는 것이다. 이처럼 몰입을 하게 되면 갈망하는 일을 성취할 수 있기 때문에 잠자고 있는 능력을 발휘해서라도 몰입하라는 이야기를 하는 것이다.

긍정 심리학자인 미하이 칙센트미하이 교수가 몰입에 대한 연구를 시작한 이래 전 세계적으로 몰입 추종자들이 늘어나고 있다. 현재 '삶의 질 연구소' 소장으로 활동하고 있는 그는 몰입을 통해 창의력이 완성될 수도 있고, 행복해질 수도 있다고 말한다. 그리고 개인뿐만 아니라 기업에서도 '몰입 경영'을 하면 행복감과 성취감을 높일 수 있다고 전하면서 몰입을 경험하면 목표가 분명해지고 집중력이 강화되어 현재의 작업을 스스로 통제할 수 있다고 강조하였다.

아인슈타인과 우리는 무엇이 다를까?

아인슈타인이나 에디슨 같은 창의적인 과학자들, 스티브 잡스나 빌 게이츠 같은 세계적으로 명망 높은 CEO들, 워렌 버핏 같은 투자자들처럼 자신의 분야에서 비범한 업적을 이룬 사람들에게는 '몰입'하는 것을 좋아한다는 공통점이 있다. 이들은 분명 남들과 다른 고도로 집중된 상태에서 창의적인 생산성을 발휘하고, 문제를 해결한다.

그렇다면 평범한 사람들과 그들의 뇌는 어떻게 다를까? 몰입을 잘하는 비범한 사람들의 두뇌는 도파민과 같은 신경조절물질 생산과정이 평범한 사람들과 다르다. 그들의 뇌 속에는 선천적이든 후천적이든 몰입을 잘할 수 있는, 그야말로 '뭔가 특별한 것'이 있다.

당신의 뇌는 어떨까? 당신은 자유자재로 몰입을 하는 사람인가, 그 반대인가? 직장에서 일할 때를 떠올려보라. 몰입을 잘하는 편인가? 주위가 산만하면 몰입이 어려운 편인가?

몰입을 잘하기 위해서는 고도의 집중력과 긴장감을 유지하면서 자기만의 기준을 엄격하게 세워야 한다. 무엇을 하든 순간순간 몰입하는 훈련을 해야 한다는 말이다. 중요한 프로젝트를 할 때에만 몰입하면서 집중하는 것이 아니라, 청소를 하거나 요리를 하거나 누군가 대화를 하는 등의 사소한 일을 할 때에도 몰입하는 생활태도를 몸에 익히는 것이 좋다.

몰입을 잘하는 사람들을 보면 노는 건지 일하는 건지 그 경계가 모호하다고 느끼는 경우가 많다. 그런 사람들이 바로 진정으로 창의적인 사람들이다. 누구든 재미있는 놀이를 하다 보면 놀이에 빠져들게 된다. 직장에서도 놀 때처럼 몰입할 수 있다면 얼마나 좋을까? 그런 몰입을 자주하면 인생의 만족도가 한층 높아질 것이다.

이때 '무엇에 몰입할 것인가'는 전적으로 당신에게 달려 있다. 당신의 짧은 인생에서 향유할 대상을 창의적으로 찾아내야 한다는 말이다. 블로그에 글쓰기, 새로운 요리 만들기, 종이인형, 로봇 연구, 화성 탐사, UFO 연구 등 세상에는 정말 수없이 많은 일들이 산재해 있다. 그 중에서 당신의 시간과 에너지, 체력을 한곳으로 집중시키면서 오랜 시간 동안 몰입할 수 있는 것을 찾아내야 한다. 이것은 우리의 유전자와 재능, 자신감과도 연관이 있다. 당신의 존재감을 가장 돋보이게 하는 그 어떤 것을 발견해내자. 그것은 가능한 빨리 찾을수록 좋다.

당신이 평생 몰입할 그 어떤 것을 10대 때 발견했다면 당신은 창의력을 발휘할 기회가 그만큼 많아진다. 40대가 되었는데도 푹 빠져 심취할 만한 무엇을 가지고 있지 않다면 인생이 허망하게 느껴지지 않겠는가? 취미생활, 공부, 직장, 사람 등 그 어떤 것이어도 좋다. 당신이 언제든 맘먹은 순간에 몰입할 수 있는 무언가를 가지고 있는 사람이라면 당신은 분명 행복한 사람이다.

걸작은 작은 메모에서 출발한다

아무리 흐린 잉크라도 기억력보다는 언제나 우월하다.
_속담

한때 메모습관에 관한 책이 쏟아져 나온 적이 있었다. 메모습관을 가져야 경쟁력이 높아진다는 것이 화두였다. 그렇다면 메모는 왜 해야 할까? 당신의 기억력이 천재 수준이라면 물론 메모할 필요가 없을 것이다. 하지만 우리 인간은 매일매일 일어난 일들을 모두 세세하게 기억할 수가 없다. 그래서 우리는 메모에 의존할 수밖에 없다. 짤막한 메모를 통해 무엇인가를 새롭게 만들어내거나 문제를 해결할 수도 있다.

레오나르도 다 빈치, 토마스 에디슨, 링컨, 잭 웰치 등과 같은 창의적인 사람들에게는 메모를 잘한다는 공통점이 있다. 에디슨에게 3,400여 권의 메모노트가 없었다면 그 많은 창의적인 발명품들은 세상의 빛을 보지 못했을 것이다. 레오나르도 다 빈치 역시 그 많은 스케치와 기록물들이 없었다면 그의 아이디어들이 구체화되지 못했을 것이다. 그의 기록은 자그마치 23권이나 된다고 한다.

그리고 '찰리와 초콜릿 공장', '가위손', '유령신부', '유령수업', '빅 피쉬', '스위니 토드' 등으로 잘 알려진 창의적인 영화감독 팀 버튼. 그는 자신의 영화에 등장하는 괴이한 캐릭터들을 모아둔 개인 낙서장을 바탕으로 《굴 소년의 우울한 죽음》과 같은 엽기 동화책을 펴내기도 했다. 흔히 그의 해학 능력을 '기절초풍할 수준'이라고 말하는데, '크리스마스 악몽'에 출현한 100가지가 넘는 다양한 모습의 괴물들도 바로 그의 낙서장에서 비롯되었다고 한다.

메모습관을 좀 더 확장시켜라

그렇다면 습관적으로 메모를 하는 사람들과 창의력은 어떤 관계가 있을까? 메모만 잘한다고 창의적인 사람이 되는 것은 아니다. 메모한 내용을 잘 활용하는 것이 더 중요하다. 물론 창의적인 사람과 똑같은 방식으로 메모하고 활용하더라도 궁극적으로 창의력을 발휘하는 데는 다양한 변수가 있기 때문에 성공하지 못하는 사람도 있을 것이다. 그러나 메모하는 습관이 성공의 한 변인이 될 수는 있다.

단순한 메모 차원에서 벗어나 기록이라는 단어를 생각해보자. 기록이란 후일에 남길 목적으로 어떤 사실을 적어놓는 것을 말한다. 요즘에는 오디오와 비디오를 활용해서 기록할 수도 있고, 나아가 기록한 자료들을 데이터베이스화할 수도 있게 되었다. 또한 디지털카메라와 스마트폰을 이용해서 창의적인 기록물을 만들어낼 수도 있다. 이처럼 우리 시대에는 마음만 먹으면 일생생활 속에서 모든 것을 메모 도구로 활용해 기록을 남길 수 있다.

그다음 단계에서 할 일은 기록한 정보를 창의적인 형태로 가공하여 재생산하는 것이다. 당신이 창의적인 사람인지 아닌지를 알고 싶다면 당신의 메모내용과 기록습관을 꼼꼼히 살펴보자. 일상생활 속에서 무엇인가가 떠오르면 메모하는 습관을 가지고 있는가? 메모노트와 필기도구를 가방에 늘 가지고 다니는 편인가? 단순한 메모로 시작했지만 그것으로 발명을 하거나 책을 쓰거나 문제를 해결하는 경험으로 확장시킨 적이 있는가? 만일 귀찮다는 핑계로 그때그때 떠오른 생각을 기록하지 않는 편이라면 지금부터라도 메모하는 습관을 가져보자. 메모 이전과 이후의 인생이 분명히 달라질 것이다.

메모하는 습관을 만들었다면 메모한 내용을 직접 실천해야 한다. 그러려면 메모를 좀 더 정교하게 발전시켜 나가거나 내용별로 잘 분류해서 메모가 의미 있는 도구로 재탄생할 수 있도록 끝까지 밀어붙이는 뒷심이 필요하다.

우스갯소리로 적자생존을 '적는 자만이 생존한다'고 말하기도 한다. '둔한 기록이 총명한 머리를 이긴다'는 둔필승총(鈍筆勝聰)이라는 말도 있다. 이들은 모두 수첩 속 메모에서 끌어낸 아이디어와 계획을 바탕으로 그만큼 많은 일을 할 수 있다는 뜻이다. 연암 박지원의 《열하일기》도 메모로 탄생한 작품이고, 150만 개나 팔렸다는 아이리버 MP3플레이어도 창의적인 디자이너 김영세의 냅킨 스케치에서 비롯되었다.

호랑이는 죽어서 가죽을 남기고, 사람은 죽어서 기록을 남긴다

우리나라의 창의적인 인물들 중에는 메모광이 많다. 삼성그룹 창업주 고 이병철 회장도 메모광으로 유명하다. 그는 아침에 일어나면 간밤에 떠오른 생각들을 메모로 정리하면서 그날 할 일들을 계획하였고, 저녁에는 그날 만난 사람과의 대화내용이나 깨달은 점 등을 자세하게 메모했다고 한다. 또한 안철수 교수는 사소한 일을 끊임없이 메모하는 습관을 가진 것으로 잘 알려져 있다. 그는 생각날 때마다 메모했던 메모지를 묶었더니 한 권의 책이 되었다고 한다.

개인마다 메모하는 방식은 각기 다르다. 주변에 있는 사람들을 관찰해보자. 그들은 어떤 방식으로 메모하고 기록하는가? 그림으로 메모하는 사람, 기호를 사용하는 사람, 예쁜 수첩에 꼼꼼하게 손글씨로 적는 사람, 녹음하는 사람, 핸드폰이나 디지털카메라로 사진을 찍어 남기는 사람 등 아주 다양하다.

요즘은 블로그나 페이스북, 트위터를 이용해서 온라인 공간에 자신만의 기록을 남기는 사람들이 많다. 글과 그림, 영상 등 남기는 형태도 다양하다. 그래서 최근에는 '죽으면 블로그나 페이스북, 트위터만 남는다'는 말도 생겼다.

특히 지금 세상은 평범한 사람도 자신의 트위터 다이어리를 모아 전자책으로 출판하는 세상이다. 이제는 누구든지 영화나 책, 여행, 취미, 관심사 등에 대한 기록을 온라인 공간에 남겨서 훌륭한 기록물로 만들 수 있다. 20~30여 곳의 여행지를 다녀와서 탄탄한 여행기로 풀어낸 기록들을 모아 책으로 엮어낼 수도 있다. 그러니 지금부터라도 플래너든 메모수첩이든 가지고 다니면서 그때그때 떠오른 아이디어를 기록하는 습관을 들이자. 그리고 하루가 끝날 무렵에 그것을 점검해서 데이터베이스화하는 습관을 들이자.

메모가 없다면 하루하루 어떻게 시간을 보냈는지 일일이 기억하지 못한다. 그러나 메모장을 펴들면 작년, 10년 전, 20년 전의 일도 파노라마처럼 머릿속에 펼쳐낼 수 있다. 그런 기록을 통해 인생에서 행복했던 장면들을 되새겨보고, 재창조의 꿈을 꿀 수 있는 시간여행을 할 수 있을 것이다.

드라마틱한 스토리텔링의 힘

사람의 마음을 움직이는 것은 관념적 주장이 아니라 진솔한 스토리다.
_ 김미경

　빌 게이츠는 오늘의 자신을 있게 한 것은 '작은 마을의 초라한 도서관'이었다고 말했다. 빌 게이츠는 책을 무척 좋아했으며 누구보다 책을 빨리 읽고 싶어 했다. 언젠가 '빌 게이츠, 워렌 버핏 학교를 가다'라는 TV 프로그램에서 "만약에 두 분에게 초능력이 생긴다면 어떤 능력을 얻고 싶나요?"라는 질문에 대해 빌 게이츠는 "책을 빨리 읽는 능력"이라고 답했다. 워렌 버핏은 "빌 게이츠가 나보다 책을 빨리 읽는 것은 사실이며, 아마도 나는 빌보다 책을 늦게 읽기 때문에 인생에서 10년은 허비했을 것"이라고 말했다. 빌 게이츠뿐만 아니라 성공한 사람들이 책을 가까이했다는 사실은 널리 알려져 있다.

한 가문을 세계적인 명문가로 만들고, 그 명성을 유지할 수 있는 비결을 독서교육법에서 찾고 있을 정도로 독서는 한 개인뿐만 아니라 세대를 뛰어넘는 효과적인 교육법으로 인정받고 있다. 처칠 가, 케네디 가, 네루 가, 루스벨트 가, 버핏 가, 카네기 가, 헤세 가, 박지원 가, 밀 가, 이율곡 가 등 10개의 가문을 선정해 그들의 독서교육 비법을 소개하는 책도 등장했다.

그렇다면 창의력과 독서는 어떤 관계가 있을까? 최근 경희대학교병원 신경과 연구팀에 의해 독서가 기억력 유지에 좋다는 연구결과가 밝혀졌다. 바둑, 고스톱, TV 시청, 독서 등의 여가생활과 치매의 연관성을 조사했더니 독서가 치매 발병률을 가장 많이 낮췄다는 내용이었다.

또한 독서를 하는 동안 우리의 두뇌가 고차원적인 사고를 하게 된다고 전했다. 연상, 기억, 추론, 이해 등과 같은 사고력이 활성화되고, 창의력이 발달한다는 것이다. 무심코 흘려보내는 자투리 시간에 소설이든 역사책이든 — 분야와는 아무런 상관이 없다 — 책을 읽으면 상상력과 창의력이 자연스럽게 계발된다. 어떤 책이든 창의력에 도움이 될 테지만, 개인적으로 나는 남독(濫讀)을 권하고 싶다. 한 권씩 차례로 읽는 대신에 여러 권을 동시에 읽으면 두뇌의 다양한 부분이 골고루 계발되기 때문이다.

인기 상품은 스토리가 만든다

만화가 되었든, 삼류소설이 되었든 그 내용을 당신이 어떻게 받아들이고 해석하느냐에 따라 그 책은 당신의 두뇌를 창의적으로 변화시킬 수도, 그렇지 않을 수도 있다. 그뿐 아니라 독서를 하면 호기심도 충족시킬 수 있다. 인생을 지루하지 않게 살려면 어린아이처럼 호기심 가득한 눈으로 세상을 바라볼 수 있어야 한다. 독서를 하면 새로운 이야기를 만나게 되는데, 그 속에서 당신이 무한한 호기심을 유지시킬 수 있다면 특별한 무언가를 찾게 될 것이다.

책을 읽기만 해도 기억력과 창의력이 발달되지만, 좀 더 적극적으로 스토리텔링 전문가가 된다면 당신의 가치는 훨씬 더 높아질 것이다. 자신의 이야기를 좀 더 드라마틱하게 스토리텔링하자는 말이다. 호기심으로 성공을 이끌어낸 스티브 잡스의 기막힌 스토리텔링 덕분에 아이폰과 아이패드는 그 가치 면에서 경쟁 상품들과 엄청난 차이를 만들어냈다. 사람이든 상품이든 스토리가 있는 것과 그렇지 않은 것 사이에는 큰 차이가 있다.

애플 사가 많은 사람들로부터 사랑을 받을 수 있었던 데는 단연코 '스토리'의 역할이 컸다. 그리고 그 스토리텔링의 핵심은 두말할 것도 없이 스티브 잡스였다.

사생아로 태어난 스티브 잡스는 양부모에게 입양되어 자랐다. 그는 학교를 무척 싫어했는데, 그 이유가 무엇이었는지를 묻자 "따분해서"라고 답했다. 그는 학교에서 말썽꾸러기였고, 선생님에게 대드는 학생이었고, 심지어 교실에서 폭발물을 터뜨리는 크나큰 사건의 주인공이기도 했다. 게다가 매사에 자기중심적이었고, 독선적이었고, 저돌적이었고, 공격적이어서 친구들과의 관계도 원만치 못했다. 이처럼 유별나고 엉뚱했던 스티브 잡스는 중퇴한 대학에서 서체 강의에 큰 매력을 느꼈다. 결론적으로 보면 그 경험이 훗날 매킨토시의 다양한 서체를 탄생시켰고, 세계적인 기업 애플을 만들었다고 할 수 있다.

스토리텔링의 힘을 이야기하자면 세계적인 음료 '코카콜라'도 빠뜨릴 수 없다. 코카콜라는 1886년 미국 애틀랜타의 약사 존 펨버튼에 의해 처음 만들어진 후 그 제조비법이 125년간 비밀로 지켜져 오고 있다. 그래서 코카콜라를 가리켜 흔히 '1퍼센트의 비밀 첨가물과 99퍼센트의 설탕물로 세계인의 입맛을 평정한 검은 물'이라고 말한다. 제조비법의 비밀과 함께 코카콜라는 병의 디자인에도 스토리가 있다.

병 디자인 현상공모전에서 수상을 한 사람은 유리공장 직공인 루드였다. 그는 6개월 동안 공모전에 낼 디자인을 고민하다가 여자친구가 자기를 만나고 돌아가는 뒷모습을 보고 '저거다' 하며 무릎을 쳤다고 한다. 그렇게 해서 지금의 섹시한 바디라인 모양의 콜라병이 탄생된 것이다. 코카콜라에 얽힌 이들 스토리는 브랜드 가치를 세계 최고 수준으로까지 끌어올리는 힘이 되었다.

이처럼 스토리는 무한한 힘을 가지고 있다. 우리의 감정을 자극하는 특별한 스토리는 뇌의 보상시스템에 일종의 쾌락을 제공한다. 보상시스템은 중독과 관련이 있다. 말하자면 사람들은 스토리에 중독이 되는 것이다. 어떤 스토리에 중독이 된다는 것은 소량의 코카인을 복용할 때와 비슷한 효과를 낸다고 할 수 있다. 바로 이런 이유로 기업들은 대중의 뇌를 즐겁게 만들 수 있는 '스토리'를 찾아 헤매는 것이다.

나만의 특별한 스토리텔링을 만들어라

예술 분야에서도 스토리텔링이 있어야 생명력이 커진다. 유명한 현대미술가 데미안 허스트는 한 인터뷰에서 "예술이란 이야기하는 것이다. 이야기를 하는 방법은 아주 많다. 하지만 가장 어려운 것은 자신이 어떤 이야기를 하고 싶은지 아는 것이다"라고 말했다.

한때 그의 작품이 엽기성 논란에 휩싸인 적도 있었지만, 그는 다양한 작품을 통해 삶과 죽음, 사랑에 대한 철학적 성찰을 매우 기발한 방법으로 담아냄으로써 대중의 관심을 끌어모았다. 어린 시절부터 문제아였던 그는 두 번이나 절도로 구속되었고, 16세 때는 시체를 스케치하러 다녔고, 의학 교과서를 가까이 하면서 알약이나 약장, 표본 등에 빠져들기도 했다. 그는 운 좋게도 영국의 유명 컬렉터인 찰스 사치와

갤러리 화이트 큐브의 관장인 제이 조플링의 눈에 띄어 일약 스타덤에 올랐다. 데미안 허스트는 찰스 사치가 1억 원에 구입한 작품이 14년 후에 140억 원에 거래될 정도로 창의적인 작가로 명성을 떨쳤으며, 그의 작품은 영화에도 단골로 등장했다.

이 같은 스토리텔링의 힘은 미술 분야뿐만 아니라 음악 분야에서도 똑같이 통했다. 케이블 채널 Mnet의 '슈퍼스타K2'에서 우승한 허각의 매력적인 스토리텔링은—생계를 위해 환풍기 수리공 생활을 했다는 눈물 어린 이야기—많은 이들에게 잔잔한 감동을 안겨주었다.

섬진강 시인 김용택의 경우를 보자. 그는 38년간 초등학교 2학년 학생들만 가르쳤다고 한다. 그것도 1년에 3~4명씩, 38년 동안 160명 정도를 가르쳤다고 한다. 2학년만 가르친 이유를 묻자 시인은 "2학년은 솔직하고 순수하고 진정성이 있기 때문"이라고 대답했다. 차 안에서 한 시간가량 동승을 했을 때 김 시인은 마치 초등학생 같은 열정과 호기심으로 시와 인생에 대해 거침없는 이야기를 쏟아냈다. 2학년 아이들이 운동장에서 뛰어노는 모습을 오랫동안 관찰하면서 시를 썼다는 김용택 시인은 바로 그것에서부터 남들과 차별화되었고 자신만의 스토리텔링을 만들어낼 수 있었다.

우리는 누구나 특별한 스토리텔링을 가지고 있다. 게다가 요즈음은 문화 스토리텔링, 역사 스토리텔링 등 모든 것이 스토리텔링인 시대다. 시골의 작은 동네에 가더라도 관광가이드의 스토리가 보태지면 특별한 동네로 둔갑한다. 예전에 비해 스토리텔링 공모전도 부쩍 늘었다. 그러니 1인 1기업 시대에 걸맞게 당신 자신에 대한 창의적인 스토리텔링을 만들어보는 건 어떨까? 브랜드 스토리마케팅에 성공을 거둔 애플이나 코카콜라처럼 우리에게도 저마다 독창적인 스토리가 있다. 남들과 차별화된 자신만의 디테일을 설정한다면 같은 내용이라도 생동감 넘치는 풍부한 스토리텔링이 완성될 수 있을 것이다.

스마트 시대,
스마트하게 소통하라

새로운 네트워크는 새로운 지식과 만족을 준다.
또 그만큼 삶을 풍성하게 한다.
_ 하비 맥케이

　당신이 알고 있는 사람 중에 네트워크 형성을 가장 잘하는 사람은 누구인가? 나는 개인적으로 '현대 미술의 제왕'으로 불리는 파블로 피카소가 네트워크를 가장 잘 활용했다고 생각한다. 피카소는 92세까지 장수하면서 13,000여 점의 그림과 300여 점의 조각품을 남긴 다작 예술가다. 사람들은 피카소를 보면 마음이 끌렸고, 그의 작품에 관심을 갖게 되었다고 한다. 아마도 그가 남다른 인간관계기술을 터득하고 있었기 때문에 사람들과 좋은 관계를 유지할 수 있었고, 예술가로서의 특혜도 누릴 수 있었다고 생각한다. 덕분에 그의 자산은 사망 당시 7억 5,000만 달러나 되었다. 그런 반면에 반 고흐는 비사교적인 예술가로 사람들과 거의 교류가 없었고, 생전에 단 한 작품만을 판매했으며, 사망할 때 자산이 단 한 푼도 없었다고 한다.

자, 그렇다면 당신의 '관계' 네트워크를 돌아보자. 요즘은 스마트폰이나 태블릿 PC 같은 첨단 모바일 기기가 우리 사회에 큰 영향을 미치고 있는데, 그것은 인간관계에도 많은 변화를 주고 있다.

2010년 말 국내 스마트폰 가입자는 700만 명을 넘어섰다고 한다. 스마트한 환경 속에서 네트워크도 덩달아 진화하고 있다. 스마트 시대로 옮겨가면서 정보검색은 물론 타인과의 의사소통이 시간과 공간의 제한 없이 가능해졌고 스마트 유목민의 시대가 되었다.

스마트 시대의 가장 두드러진 특징은 '소통'이다. SNS를 즐기며 소통을 극대화하면서 인간적인 외로움을 달래고, 자기 자신을 표현하고, 그 안에서 창의적인 인간관계 네트워크를 형성해나갈 수 있다. 그야말로 소셜네트워킹 서비스[SNS] 등 새로운 모바일 문화를 창출하는 TGIF(트위터, 구글, 아이폰, 페이스북)가 각광을 받게 된 것이다. 사람들은 트위터, 페이스북, 카카오톡 등과 같은 소셜미디어 커뮤니케이션의 확산으로 전통적인 관계 맺기에서 지구촌 곳곳의 낯선 사람들과도 친구가 될 수 있는 '진화의 시대'를 맞았다. 이처럼 상호 네트워크의 폭발력은 무엇을 상상하든 그 상상을 초월할 만큼 대단한 수준이다.

그렇다고 사이버 공간에서만 네트워크를 형성하는 것은 바람직하지 못하다. 자칫 사이버 공간에 지나치게 몰입하여 현실 세계와 동떨어지게 되면 대인관계에 심각한 문제를 발생시킬 수 있다. 영화 '김씨 표류기'에서처럼 은둔형 외톨이(일본에서 말하는 '히키코모리')가 되어 우울한 삶을 살 수도 있다. 하루 종일 집안에 틀어박혀 PC로 모든 것을 주문하고 밖으로 외출하지 않는 관계거부형 인간이 될 수도 있는 것이다.

네트워크의 창의적인 진화

스마트한 소통이란 인간관계 속에서의 감성이 넘치는 소통을 의미한다. 따라서 스마트 시대를 사는 우리들은 실제 네트워크를 통한 소통은 물론이고, 인터넷을 통한 가상공간에서도 외로움을 달래고 감정교류를 할 수 있는 커뮤니케이션이 필요하다고 할 수 있다. 이것은 젊은이들뿐만 아니라 세대를 초월하여 모든 사람들에게 적용된다. 1946년생인 작가 이외수는 트위터를 통해 실시간으로 사람들과 교류를 할 뿐만 아니라 실제로도 대중적 교류를 많이 하는 작가이다. 그야말로 스마트 시대에 스마트하게 가장 잘 적응한 인물이 아닐까 싶다.

그렇다면 사람들은 왜 귀한 시간을 공들여가며 네트워크를 형성하려고 하는 것일까? 또, 타인과의 네트워크는 창의력과 어떤 관계가 있을까? 여러 연구를 보면 사람들 간의 네트워크가 수명의 길이와도 관련이 있다고 한다. 수명뿐만 아니라 창의력과도 관계가 있다. 물론 네트워크 안에서 악플로 인해 고통을 받는 사람도 있지만, 여기서 말하는 네트워크란 서로에게 행복감을 주거나 지적 호기심을 충족시켜주는 긍정적인 정서를 동반한 네트워크를 의미한다.

네트워크를 형성하는 이유 중 하나는 다른 사람으로부터 새로운 정보와 지식을 얻기 위해서일 수도 있지만, 가장 중요한 것은 타인으로부터 즐거움과 희망을 느끼고, 마음과 마음을 나누는 정서적인 교류를 하고 있다는 만족감을 느끼기 위해서가 아닐까? 일종의 긍정적인 정서를 느끼기 위해서 말이다.

1998년 미국의 긍정 심리학자 바버라 프레드릭슨은 긍정적인 정서가 인지능력을 더욱 확장시키고 사회적 관계를 돈독하게 한다고 주장했다. 그의 실험에 의하면, 기분이 좋아지면 뇌가 더 많은 정보를 얻게 되어 세상을 바라보는 사고의 폭이 확장되고, 창의력과 문제해결능력이 개선된다는 것이다. 또 다른 연구에서 그는 긍정적인 정서가 타인과의 관계 형성에도 좋은 영향을 미친다고 발표했다.

현실세계에서의 네트워크뿐만 아니라 가상의 네트워크도 같은 효과를 가져다준다. 블로그, 트위터, 페이스북과 같은 활동만으로도 뇌가 활성화되어 창의력이 증진되기 때문에 훨씬 더 생동감 넘치는 삶을 영위할 수 있다.

정용진 신세계 부회장은 자신이 사용한 물건들에 대한 후기를 트위터에 올려 뜨거운 반응을 이끌어내고 있다. 정 부회장의 특정 상품에 대한 평가는 소비자들의 실제 구매에도 큰 영향을 끼치는 것으로 알려졌다. 많은 시간을 투자하는 게 아닌, 이를테면 하루에 블로그 메모 하나 정도만 올리는 것으로도 우리의 뇌는 창의적으로 진화할 수 있다.

나는 새로운 사람을 만나는 것을 좋아한다. 나의 뇌가 그것을 좋아하는지도 모르겠다. 그래서 나는 남들이 대체로 불편해하는 개인 인터뷰를 즐기는 편이다. 사진작가, 화가, 예술인, 큐레이터 등과 같은 창의적인 사람은 물론이고, 지금은 은퇴한 사람들과의 인터뷰도 무척 좋아한다. 특히 연륜이 쌓인 60대 이상의 어른들을 만나게 되면 그 사람의 인생 지혜를 전수받거나 내 인생에 도움이 되는 말들을 들을 수 있다.

당신이 지금까지 맺어놓은 다양한 인간관계를 통해 세상과 소통해보라. 열린 마음으로 소통하다 보면 언젠가는 당신 인생을 빛나게 해줄 소중한 인맥과 기회가 찾아올 것이다.

관심을 업그레이드시키면
발명도 가능하다

'발명'이라고 하면 어떤 단어가 떠오르는가? 에디슨, 종이, 화약, 거북선, 클립, 세탁기, 냉장고, 부싯돌, 불, 집, 의복, 창, 자동차 등이 떠오르는가? 디지털기기 마니아라면 문자, 인터넷, 이메일, 컴퓨터, 스마트폰과 같은 발명품이 떠오를 수도 있겠다.

'발명'을 네이버 용어사전에서는 '제품이나 기술개발 장면에서의 창의성'이라고 정의한다. 이 정의에서는 발명과 창의를 동일시한다. 네이버 백과사전에서는 "과학적 창의와 기술적인 아이디어를 통한 새로운 방법·기술·물질·기구 등에 대한 창조"라고 정의한다. 과학적 창의와 기술적 아이디어에 초점을 두는 설명이다. 그렇지만 발명을 좀 더 폭넓게 보면 과학적 창의 이외의 분야에서 새로운 물건을 만들어내는 것뿐만 아니라 새로운 방법을 생각해내는 것도 그 범주 안에 넣을 수 있다.

　인간은 예로부터 삶의 질을 개선하기 위해 끊임없이 발명을 해왔다. 특히 인간은 전쟁과 평화 시기를 거듭하면서 필요에 의해 다양한 발명품들을 생산해왔다. 평소에는 별로 필요하지 않았던 물건들이 전쟁이 일어나면서 개발되기도 한다. 이처럼 전쟁과 창의력은 불가분의 관계에 있다. 예를 들어 제1차 세계대전과 제2차 세계대전으로 인해 다양한 탈것들이 발명되었는데, 그 과정에서 바퀴가 발명되어 전쟁의 기동성을 높였다. 탱크가 세상에 모습을 드러낸 것도 제1차 세계대전 때였다. 탱크와 함께 잠수함과 항공기도 처음으로 등장했다. 제2차 세계대전 때는 바주카포, 레이더 같은 발명품들이 무더기로 쏟아져 나왔다.

대부분의 발명품은 전쟁을 위한 것

　그러면 평화로운 시기에는 어떤 발명품들이 만들어졌을까? 전쟁기와 평화기의 발명품들을 보면 전혀 다른 종류의 물건이 만들어진 것은 아니다. 어찌 보면 같은 맥락에서의 발명일 수 있다. 긴급한 상황에서 생존을 위해 만들어졌던 발명품이 전쟁이 끝난 후에는 좀 더 개선된

형태로 편리하게 발전하는 것뿐이다. 인간은 생존하기 위해 의복, 샌드위치, 치약 등과 같은 발명품들을 만들었고, 이들을 좀 더 편리한 상태로 지속적으로 개선하고 있다. 신발, 우산, 종이, 팩스와 같은 발명품들은 삶을 윤택하게 하고 편리함을 선사해주었다.

이처럼 우리는 수많은 발명품들 속에 살고 있다. 그렇다면 당신은 무엇인가를 직접 발명해본 적이 있는가? 없다면 발명할 만한 아이디어나 아이템을 떠올려본 적은 있는가? 적어도 '이런 물건을 발명하면 좋겠다'는 생각은 한 번쯤 해봤을 것이다. 하지만 발명을 한다고 해서 누구나 부를 거머쥐는 것은 아니다. 발명을 하다가 파산해서 빚을 지는 사람도 있고, 에너지를 다 쏟아붓고 나서 중도에 포기하는 경우도 있다. 하지만 사람들이 끊임없이 무언가를 발명하는 이유는 발명하는 일 자체가 즐겁고 매력적이기 때문이다. 수천 번의 실험 끝에 전구를 발명해낸 에디슨도 그런 경우라고 할 수 있다.

발명품을 완성하여 상품으로 만들어 내놓으려면 과제집착력이 필요하다. 발명에 관한 아이디어가 아무리 많다고 해도 그것을 실행하지 않으면 아무 소용이 없다. 특허청, 지적재산권 등 발명과 관계된 정보에 대해서 어느 정도 알아두면 평범한 사람도 발명을 할 수 있다.

최근 스마트폰의 등장으로 발명에 관한 앱이 일반 대중에게 빠르게 확산되고 있다. 얼마 전 특허청에서 개발·보급한 '발명카페' 앱은 발명을 꿈꾸는 사람들에게 매우 유용하다. 발명 다이어리, 특허정보 검색, 지식재산 용어사전 등 발명가들이 필요로 하는 기능을 함께 모아서 개발한 스마트폰 애플리케이션의 탄생으로, 이제 발명은 언제 어디서든 바로 이루어질 수 있게 되었다. 발명 아이디어가 떠올랐을 때 기록하지 못해서 아이디어를 놓치는 경우가 많은데, 이 앱을 활용하면 시간과 장소에 구애받지 않고 '발명 다이어리'를 구동시켜 기록하고 저장할 수 있다. 또한 이 애플리케이션을 이용해 아이디어를 글로 기록하거나 관련된 사물을 카메라로 촬영하고, 그 위에 아이디어를 그림으로 그려 저장할 수 있으며, 아울러 해당 아이디어와 관련하여 이미 출원된 특허기술은 어떤 것이 있는지 '특허정보 검색'을 구동시켜 검색해볼 수도 있다.

발명은 불만에서 싹튼다

더 나은 세상을 구축하기 위해서는 지금 사용하고 있는 물건들에 만족하지 말고, 불편한 점을 찾아보고 끊임없이 개선해나갈 방법을 모색해야 한다. 레오나르도 다 빈치나 에디슨 같은 과학자의 천재적 두뇌를 갖지 않았다고 해서 발명의 영역에서 배제되는 것은 아니기 때문이다. 국가와 기업 역시 생존을 위한 발명 아이디어를 찾느라 끊임없이 고심하고 있다. 이젠 개인도 자신을 위한 발명을 해야 한다. 돈을 벌기 위한 경제적 목적이든, 창의력을 키울 목적이든 발명과정을 경험해보면 그 진가를 알게 될 것이다.

볼펜 찌꺼기를 참지 못하거나 손빨래를 해야만 깨끗하다고 느끼는 사람, 식기구를 언제나 깨끗이 소독했으면 하는 사람들은 발명가가 될 수 있는 기본 자질이 있다고 할 수 있다. 발명은 누군가의 볼멘소리, 불평으로부터 시작한다. 불편함을 해소하려는 시도 중에 발명가로서의 시야가 열리는 것이다. 발명할 가치가 있는 새로운 것을 찾아내고, 우리의 일상생활을 좀 더 능률적이면서, 생산적으로 진화시키려면 발명가로서의 안목이 필요하다. 예리한 관찰가의 눈을 지니고 있어야 한다는 말이다.

처음부터 발명이 어렵다면, 여러 가지 발명품들이 어떻게 탄생되었는지를 알아보는 것도 좋다. 잭 챌로너의 《죽기 전에 꼭 알아야 할 세상을 바꾼 발명품 1001》과 토머스 크로웰의 《역사를 수놓은 발명 250가지》라는 책을 보면 당신이 이제부터 어떤 발명을 해야 할지 감이 잡힐 것이다.

또, 하루에 한 가지씩 발명품을 선택해서 이에 대한 연구를 해보면 발명하는 일이 얼마나 흥미로운 것인지를 알 수 있다. 세탁기, 컴퓨터, 로봇과 같은 기술적인 제품뿐만 아니라 샌드위치, 콘플레이크와 같은 음식도 위대한 발명품 중의 하나다. 당신도 세상을 바꿔놓을 만한 발명품을 만들 수 있다.

발명에 대한 관심이 어느 정도 고조되면 발명하고 싶은 물건이 떠오를 것이다. 기어이 발명품을 만들어서 직접 특허청에 등록하면 발명가 반열에 들 수 있다. 나는 발명을 통해 특허와 실용신안의 경험을 해봤다. 물론 이 중 일부는 상품화되어 창의력 개발도구로 사용되고 있다. 만일 당신도 발명하고 싶은 아이템이 있다면 발명의 기쁨을 누려보기 바란다. 발명의 즐거움과 함께 세상을 바꿀 수 있다는 자신감이 생길 것이다. 샌드위치를 발명한 것처럼 당신도 당신만의 조리법, 음식 만드는 비법으로 발명가가 될 수 있다. 생활 속에서 발명할 수 있는 것에 조금만 관심을 가져보자. 바로 오늘부터 말이다.

창의력을 키우는 습관을 만들어라

습관은 나무 껍질에 새겨놓은 문자 같아서 그 나무가 자라남에 따라 확대된다.
_ 새뮤얼 스마일스

동일한 활동을 하면서 그 일에 지속적으로 주의를 집중하면 습관이 형성된다. 아리스토텔레스는 사람의 미덕은 오랜 시일에 걸쳐 만들어지는 습관의 결과라고 하면서 오랫동안 어떤 것에, 어떤 방법으로 집중하는가에 따라 인생이 달라진다고 말했다. 즉 우리가 어떤 습관을 들이느냐에 따라 인생이 달라진다는 말이다. 하지만 나는 역으로 습관을 바꿔보라고 말하고 싶다. 물론 여기에는 나쁜 습관을 좋은 습관으로 바꿔보라는 뜻도 있지만, 오랫동안 고착된 행위나 활동으로 인해 뇌의 창의적인 감각이 무뎌졌을 것이라는 데 초점을 두고 습관을 바꿔보라고 말하는 것이다. 생각 없이 매일 똑같은 방법으로 어떤 일을 반복하고 있다면 그것은 당신의 두뇌가 게을러져서 창의력을 발휘할 수 있는 새로운 뇌 회로가 만들어지지 않기 때문이다.

나는 창의력 교육특강을 할 때마다 "오늘부터 창의적인 사람이 되고 싶다면 습관을 바꿔라"라고 강조한다. 그리고 강의자료 첫 화면에 'Break Your Habits'라는 문구를 커다랗게 띄운다. 그 이유는 두뇌를 창의적으로 리모델링하려면 기존의 습관에서 벗어나야 하기 때문이다. '생활 속 창의력 훈련' 이전에 제일 먼저 해야 할 일이 바로 습관을 바꿔보는 것이다. 어떤 일을 하든 발상을 전환하여 새로운 방법을 시도해보면 약간 불편하고 시간이 걸리지만, 두뇌가 상황을 새롭게 인지하게 되어 창의적으로 발달한다는 큰 장점이 있다.

당신의 습관을 먼저 살펴라

오래된 습관을 바꾸는 일은 무척 어렵다. 날마다 당신이 무의식적으로 하는 일들의 순서를 관찰해보자. 신문을 읽을 때 어떤 면부터 읽는가? 1면부터 차례대로 읽는가? 정치면부터 읽는가? 날씨를 먼저 챙겨보는가? 어떤 면부터 읽겠다고 생각을 해본 적이 없더라도 당신의 뇌는 신문내용 중에서 가장 먼저 읽고 싶어 하는 페이지를 펼쳐 든다. 스포츠면을 제일 먼저 보는 사람이 있고, 경제면을 제일 먼저 펼치는 사람이 있다. 자, 당신의 습관을 체크했다면 오늘부터 신문 읽는 순서를 바꿔보자. 사회면으로 시작해서 국제면으로 끝났던 사람이라면 역으로 국제면부터 읽기 시작해서 사회면으로 끝내보는 것이다.

이번에는 간단하게 당신의 양치질 순서를 생각해보자. 앞니부터 닦기 시작해서 어금니 쪽에서 끝내는 사람이라면 오늘부터는 어금니 쪽부터 시작해서 앞니를 제일 나중에 닦아보자.

또, 당신이 손깍지를 끼는 습관도 관찰해보자. 평소대로 손깍지를 껴보자. 오른손 엄지가 위로 올라와 있는가, 왼손 엄지가 올라와 있는가? 평소와 반대로 손깍지를 해보자. 매우 어색할 것이다. 습관을 바꾸는 것은 이처럼 손깍지를 반대로 끼는 것과 비슷하다. 처음에는 어색하고 힘들고 어렵다.

그러면 이러한 습관을 어떻게 바꿀 수 있을까? 교육자 호레이스 맨은 "우리는 매일 습관이라는 밧줄을 짜고 있다"라고 말하면서 습관의 중요성을 강조했다. 그러니 습관을 바꾸는 것은 결코 쉽지 않다. 특히 보수적인 성향의 사람들은 새로운 것에 대해 마음을 열지 못해서 악습조차 바꾸지 못한다. 또한 습관을 바꾸지 못해서 이혼하는 부부도 있다.

당신이 진정 창의적인 사람으로 거듭나고 싶다면 지금부터라도 당신의 습관을 면밀히 관찰하자. 우선 당신 자신이 어떤 사람인가를 떠올려보라. 기록을 잘 못하는 사람인가? 군것질을 많이 하는 사람인가? 부정적인 생각이 많은 사람인가? 지각을 잘하는 사람인가? 매일 술을 먹는 사람인가? 야식을 좋아하는 사람인가? 잠을 많이 자는 사람인가? 휴일에 하루 종일 TV만 보는 사람인가? 아침을 먹지 않는 사람인가? 저녁에 폭식을 하는 사람인가? 손톱을 깨무는 사람인가? 우울한 사람인가? 남의 이야기를 잘 듣지 않는 사람인가? 운동은 거의 하지 않는 사람인가?

자, 그 습관들을 오늘부터 좋은 습관으로 바꿔보자. 딱 한 가지 습관에 집중해도 좋다. 예컨대, 기록하는 습관을 들이고 싶다면 3일을 넘긴 후에는 일주일, 일주일을 넘기고 나면 3주, 그 후에는 3개월을 넘기는 방식으로 1년까지 무사히 넘겨보는 것이다. 그러면 당신은 어느 순간에 '기록의 달인'이 되어 있을 것이다.

'게으른 뇌'의 고집을 꺾어라

만약 시간관리가 어려운 사람이라면 오늘부터 시간관리 습관을 가져보자. 시간을 버는 방법을 몸소 실천해보는 것이다. 아주 사소한 것 같지만, 만일 당신이 물건 찾는 데 많은 시간을 낭비하는 편이라면 오늘부터 물건들을 제자리에 두는 습관을 들이자. 자동차 키를 찾느라고 시간을 낭비하거나 냉동실에 넣어두었던 생선을 찾느라 허비하는 시간이 많았다면 오늘부터 자동차 키는 현관 앞에 놓인 작은 바구니에, 음식물들은 투명한 보관그릇과 투명한 지퍼백에 넣어서 냉장고에 보관하는 습관을 들이자.

또, 여행을 앞두고 여권을 어디에 두었는지 기억이 나지 않아 여권을 찾는 데 하루 종일 시간을 허비한 경험이 있을 것이다. 자, 당신이라면 이제 어떻게 할 생각인가? 당신은 할 수 있다. 여권이나 마일리지 카드와 같이 여행을 할 때 필요한 자료들을 한곳에 모아두는 '창의적인 습관'을 들이면 되는 것이다.

자신의 습관에 대해 진지하게 생각해 본 적이 없다면 좋은 습관으로 창의적인 두뇌를 만드는 일이 그리 녹록치 않을 것이다. 어떤 습관을 들여야 할지 딱히 떠오르는 게 없다면 우선 종이 한 장을 꺼내 평소 자신의 오래된 습관들을 관찰해 리스트를 만들어보자. 그 습관들 중에는 당신에게 보약 같은 습관도 있을 것이고 독약 같은 습관도 있을 것이다. 그런 다음에는 가까운 사람들에게 당신이 어떤 습관을 가지고 있는지 한번쯤 물어보자. 아마 당신이 미처 의식하지 못했던 엉뚱한 습관이 튀어나올 것이다. 그것들 중에서 오늘부터 세로토닌과 도파민이 나올 수 있는 좋은 습관을 늘려보자. 창의력에 도움이 되는 뇌내 호르몬이 나오도록 햇볕을 쐬거나, 뇌에 좋은 음식을 일부러 찾아 먹거나, 운동을 하거나, 독서를 열심히 하는 등 실천 가능한 보약과 같은 습관을 찾아서 직접 시도해보는 것이다.

이 책에서 내가 강조하고 싶은 것은 '일일신 우일신(日日新 又日新)'의 마음가짐을 갖는 것이다. 매일매일 하루에 한 가지씩 새로운 일을 하는 습관을 들이면 날마다 세로토닌과 도파민이 생성될 것이고, 하루 종일 행복감을 느낄 수 있게 된다.

물론 처음엔 어려울 것이다. 당신의 게으른 뇌가 습관을 바꾸지 않으려고 발버둥을 칠 것이기 때문이다. 뇌는 우리 신체기관 중에서 가장 게으르다. 그래서 끝까지 과거를 고집하면서 새로운 습관을 거부할 것이다. 하지만 조금만 인내심을 갖고 좋은 습관에 집중하면, 어느새 두뇌에 새로운 습관 회로가 자리를 잡아 창의적인 두뇌creative brain로 거듭날 수 있다. 특히 생활 속에서 사소한 행동의 순서만 바꿔도 뇌기능이 활성화되고, 우리의 뇌가 창의적으로 변화된다는 것을 유념하자.

Survival, The Creative

내 안에
잠든 상상력을
흔들어 깨워라

창의적인 두뇌가 행복한 두뇌다

소크라테스는 '너 자신을 알라'고 말했다. 그 속뜻을 가만히 생각해 보면 결국 '너의 뇌를 알라'는 말과 같다. 창의적인 뇌를 가지려면 자신의 뇌에 대해 잘 알아야 한다. 21세기 인류 과학의 최후 영역이었던 뇌과학의 발전으로 최근에는 상상으로만 펼쳐졌던 일들이 현실적으로 가능해지고 있다. 미국은 1990년대에 '뇌의 10년Decade of the Brain'을 선포했고, 일본은 21세기를 '뇌의 세기'라고 선언하며 뇌연구에 집중 투자하고 있다. 이어 우리나라에서도 1998년 '뇌연구 촉진법'이 제정되어 법적인 토대 정도는 만들어진 상황이다.

뇌과학 연구가 활발하게 이루어져 뇌로 세상을 움직이는 시대가 열리면 초보 골퍼도 타이거 우즈처럼 스윙을 할 수 있는 시대가 온다고 한다. 타이거 우즈의 스윙 노하우가 담긴 뇌파를 컴퓨터에 입력하면 그것이 순식간에 다른 사람의 뇌로 전달되면서 타이거 우즈와 똑같은 스윙을 할 수 있다는 것이다. 마치 영화 '아바타'에서처럼 누군가의 생각을 타인에게 그대로 행동으로 옮길 수 있는 세상은 상상만 해도 전율이 온다.

뇌의 리모델링은 가능하다

그동안 뇌파도(腦波圖)를 이용하여 창의력과 문제해결력 연구가 진행되어 왔다. 단일광자 단층촬영법Single Photon Emission Computed Tomography, SPECT, 자기공명 단층촬영법Magnetic Resonance Imaging, MRI, 양전자 단층촬영법Positron Emission tomography, PET을 포함하여 지난 20년 동안 개발되어온 수많은 기술들은 두뇌에 관한 연구, 특히 창의력에 관한 연구에 지대한 공헌을 하였다. 뇌파도에 관한 많은 연구들은 특정 뇌파의 패턴과 뇌 구조가 창의적인 문제해결력과 연관이 있으며, 문제해결과정에서의 특정 단계와 관련이 있을 것이라고 제시했다.

최근의 창의력 연구에서 특히 더 많은 관심을 받는 것은 전두엽 피질이다. 전두엽 중에서도 전전두엽은 인간의 뇌에서 가장 진화된 영역으로 대뇌피질의 30퍼센트를 차지한다. 비록 뇌의 다른 부분이 관여되어 있다고 하더라도 일반적으로 전두엽과 협력한다. 전두엽은 주의, 인지, 기억, 각성, 자기회상과 같은 높은 수준의 인지적 기능을 주로 맡고 있기 때문에 사회적 결정과 측두엽의 통합, 추상적 사고에도 크고 작은 영향을 미친다.

창의적 사고와 행동에 있어서의 전두엽 피질의 역할은 몇몇 연구를 통해 알려졌다. 창의력이 전적으로 전두엽 피질에 의존한다고 주장할 수는 없지만, 대부분의 학자들은 전두엽 피질이 창의적 사고에서 중요한 역할을 한다는 점에는 동의하고 있다. 전두엽 피질은 또한 음악적, 시각적, 그리고 언어적 창의력을 요구할 때에도 관여하는 것으로 알려져 있고, 사람들이 행복감을 느낄 때에도 전두엽 피질의 활동이 증가한다는 연구결과가 있다.

또한 창의력의 특수한 과제와 측정방법에 따라 긍정적인 기분 상태가 창의적인 사고에 도움이 된다는 연구결과도 있다. 긍정적인 기분 상태가 창의적 사고와 연관되어 있음을 보여주는 연구들은 전두엽의 중요성을 보다 직접적으로 지지하는 다른 연구들과도 일치한다. 실험적 증거와 임상적 증거 모두 행복한 기분이 창의적 사고에 이롭다는 것을 지지하는 결과가 바로 그 증거이다.

BBC에서 다큐멘터리 형식으로 방송된 연구를 보면, 뇌피질의 두께를 측정하는 구조성 자기공명영상^{structural MRI}과 뇌의 능률을 측정하는 기능성 자기공명영상^{unctional MRI} 연구결과, 테트리스 게임이 뇌의 능률 향상에 도움이 된다는 내용이 있다. 이제까지 이루어진 뇌과학의 발전을 토대로 과거의 길포드와 토란스의 연구결과를 중심으로 개발된 창의력 교육 프로그램도 과학적으로 진화해야 한다고 본다. 좀 더 과학적이고 체계적인 창의력 교육 프로그램의 개발을 기대해본다.

식스팩을 잠시 잊고
브레인 피트니스에 힘써라

이제 당신도 당신의 '뇌'에 좀 더 적극적인 관심을 가져야 한다. 그리고 행복하고 창의적인 두뇌 만들기에 힘써보자. 발전된 과학의 결과물들이 대중에게 가까이 오려면 많은 시간이 걸릴 수도 있다. 그러므로 좀 더 적극적으로 당신의 두뇌에 관심을 갖고 리모델링해야 한다.

행복하게 생존하려면 '뇌'가 창의적이어야 한다. 당신의 뇌를 상상해본 적이 있는가? 당신의 뇌의 모양, 무게, 온도를 상상해본 적이 있는가? 최첨단 과학기술의 도움으로 당신의 뇌를 어느 정도는 들여다볼 수 있는 시대가 되었다. fMRI^{functional Magnetic Resonance Imaging}, SPECT^{Single Photon Emission Computed Tomography} 방법 등을 이용하면, 어느 부분이 잘 작동되고 있는지, 어떤 부분에 문제가 생기고 있는지 정도는 알 수 있다. 또 어떤 과제를 주었을 때, 뇌의 어느 부분이 활발하게 반응을 하는지도 알 수 있다. 이처럼 자신의 살아있는 '뇌'를 직접 볼 수 있기 때문에 특정 활동이 뇌에 미치는 영향을 눈으로 직접 확인할 수도 있다.

만일 당신이 하루에 4시간 이상 책상에 앉아서 일을 하는 사람이라면 몸을 곧게 펴줘야 기 순환이 잘 되고, 건강한 뇌로 활동하게 되어 창의적인 아이디어를 낼 수 있다.

언뜻 이상하게 들릴 수도 있는데, 뇌를 효율적으로 사용하는 방법이라는 것이 있다. 한 연구에 의하면 문제해결력이 뛰어난 사람은 어떤 문제를 풀 때, 뇌의 한 부분만 사용해도 짧은 시간에 문제를 척척 풀 수 있지만, 그렇지 않은 사람은 많은 시간 동안 뇌 전체를 사용해도 문제를 풀 수 없다고 한다. 당신은 어떤 사람일까? 전자일까, 후자일까? 후자라면 이제부터라도 두뇌를 효율적으로 사용할 수 있도록 리모델링해야 할 것이다. 만일 당신이 그동안 술, 담배 등을 많이한 탓에, 나이에 비해 뇌가 흐물거리고 쪼그라들었다면 오늘부터는 생활태도를 바꿔서 건강한 뇌로 바꿔보자.

요즘은 외모지상주의 시대다. 그렇다고 외모만 가꾸거나 신체 피트니스만 해서는 안 된다. 인간의 창의적인 두뇌 기능을 위해 내면을 매력적으로 만들어줄 수 있는 '브레인 피트니스'를 병행해야 한다. 창의적인 두뇌를 만들기 위해서는 신체와 두뇌가 마치 씨줄과 날줄처럼 조화롭게 엮어져야 한다.

당신의 두뇌는 창의력을 발휘할 준비가 되어 있는가? 창의력을 키우려면 첫 단계는 자신과 타인의 뇌를 즐겁고 행복하게 만드는 방법을 터득하는 것이다. 스티븐 킹, 베르나르 베르베르, 안톤 체호프는 어려서부터 글쓰기를 하면서 자신이 행복했고, 그들이 창작한 글로 인해 타인까지도 행복하게 해줬다. 당신은 어떠한가? 당신의 뇌를 즐겁게 만드는 방법을 터득하고 살고 있는가?

스마트폰이 뇌 역할도 한다고 하니, 스마트폰의 힘이라도 빌려 기억력 회복치료를 하면 어떨까? 최근 발명된 기계 중에서 가장 창의적인 물건이 스마트폰이 아닐까 싶다. 계란의 바코드를 찍으면 가격이 나오고, 여행 갈 때도 '앱'만 있으면 된다. 검색을 통해 좋은 물건을 싸게 구입할 수도 있고, 음식도 미리 주문했다가 식당에 도착해서 바로 테이크아웃할 수도 있다. 자, 그렇게 절약한 시간에 당신은 무엇을 할 것인가? 좀 더 창의적인 일을 하는 데 써야 하지 않을까?

하루에 하나씩 새로운 일을 하라

변화를 원한다면 우리 자신부터 변해야 한다.
_ 마하트마 간디

뇌과학의 연구결과를 보면 행복감을 주는 호르몬은 세로토닌과 도파민이 대표적이다. 일상생활 속에서 이 두 개의 호르몬이 많이 분비되도록 하면 늘 행복하다는 느낌을 유지할 수 있다. 궁극적으로 뇌의 전두전야는 행복의 보금자리다. 행복중추는 전두엽 좌측에 있고, 이를 잘 관리하는 사람에게는 행복한 기운이 흐른다. 전두전야를 잘 조정하고 관리하면 어떤 문제가 발생해도 유연하게 대처할 수 있고, 창의력을 발휘하는 데도 도움을 줄 수 있다. 그런데 뇌를 잘 관리하지 못해 조절력이 떨어지면 우울해지고 충동적이 되며 성격이 거칠어진다.

세로토닌과 도파민은 어떤 신경전달물질일까? 쉽게 설명하면 세로토닌은 삶을 윤택하게 해주는 조용하고 잔잔한 호르몬이고, 도파민은 흥분, 쾌감, 충동을 불러일으키는 격한 성격의 호르몬이라 할 수 있다. 어느 호르몬이 창의력에 더 도움이 되고 더 좋다고 평가를 내리기는 어렵다.

세로토닌은 일종의 조절 호르몬이다. 충동을 조절해주고 행복을 느끼게 해주기 때문에 '행복 호르몬'이라고도 한다. 세로토닌은 예민하고 귀한 물질이다. 분비량이나 지속시간이 넉넉하지 않기 때문이다. 특히 우리나라 사람에게는 세로토닌이 절대 부족하다. 따라서 세로토닌의 분비량을 조절해주는 식품을 잘 섭취하는 것이 중요하다. 세로토닌은 자연계에 없다. 트립토판이라는 필수아미노산을 원료로 체내에서 만들어지는 '귀한' 물질이다. 때문에 트립토판이 함유된 음식을 섭취하고, 세로토닌 합성을 돕는 비타민 B6가 많은 음식을 먹어야 한다. 그리고 트립토판이 뇌 혈류로 들어가는 것을 도와주기 위해 포도당을 섭취해야 한다.

스트레스는 세로토닌에 독약이다

음식 섭취뿐만 아니라 낮에는 햇빛을 충분히 쐬고, 적당한 운동을 하고, 그림이나 조각과 같은 정적인 예술작품 감상을 자주 하고, 명상을 하거나 휴식을 취하면 세로토닌 양이 증가한다. 세로토닌이 충분해야 잠이 잘 오고, 잠을 잘 자야 뇌의 기억력과 창의력이 활성화된다. 세로토닌과 같은 호르몬이 균형을 잡게 되면 스트레스가 없어지고, 변비나 설사도 없어지고, 다이어트에도 도움이 되며, 탄력과 윤기 넘치는 피부를 갖게 되어 건강한 사람이 된다. 이런 특성 때문에 세로토닌은 사람의 감정과 기분, 수면, 소화를 돕는 중요한 호르몬이라고 일컬어진다. 그러므로 건강하고 행복한 삶을 유지하면서 창의력을 발휘하려면 두뇌 세로토닌이 지속적으로 활동할 수 있는 방법을 찾아야만 한다.

세로토닌을 증가시키는 것도 중요하지만, 어떻게 하면 세로토닌이 감소되지 않고 유지될 수 있는지도 염두에 둬야 한다. 그러기 위해서는 최대한 스트레스를 받지 않는 생활을 해야 한다.

한편, 도파민은 흥분성 신경전달물질로 에너지, 기분, 주의집중 등에 영향을 준다. 그러면 도파민은 창의력이나 행복과 어떤 관계가 있을까? 도파민의 수치가 높아지면 기억력과 집중력은 물론이고 창의력도 향상된다. 그리고 창의적인 문제해결 활동을 해도 도파민이 생성된다. 그것은 하루에 한 가지씩 새로운 일을 하고, 문제를 창의적으로 해결하면 도파민을 만들 수 있다는 말이다. 또한 환희와 기쁨, 행복과 같은 긍정적인 감정은 도파민 수준을 지속적으로 상승시켜서 몰입 상태에 쉽게 이르게 해준다. 즐겁고 열정적인 상태일수록 도파민 분비가 늘어난다는 말이다.

그렇다면 어떻게 해야 도파민을 증가시킬 수 있을까? 아주 쉽고 간단한 방법이 있다. 운동을 하거나 흥겨운 음악을 듣는 것이다. 또는 자신의 의견에 동의하는 말을 들어도 보상중추가 활성화되어 도파민 수준이 높아진다. 누군가가 자신을 지지하고 신뢰하고 있다는 느낌 역시 도파민을 증가시킨다. 그리고 커피를 마시거나 바나나, 아몬드, 호두 등을 섭취해도 도파민 양을 늘릴 수 있다.

도파민은 새로운 것에 열광한다

내가 강력하게 권하고 싶은 것은 그전에 해보지 않았던 새로운 일을 하는 것이다. 새로운 일만 해도 도파민은 증가한다. '일일일신(一日一新)'을 해서 몰입이 잘 되고 주의집중력을 높이면 하루 하루를 행복하게 보낼 수 있다. 도파민은 그전에 이미 한 것이나 이전에 성취한 것에 대해서는 별로 반응을 하지 않는다. 따라서 생활 속에서 매일매일 새로운 음식을 먹거나, 새로운 장소를 찾아가거나, 참신한 예술작품을 감상하는 노력을 기울여 도파민 생성에 도움을 주어야 한다. 행복감은 물론이고 창의력도 높아질 것이다. 도파민이 증가하면 환희와 기쁨이 몰려오고, 이때 몰입해서 주의집중을 하면 창의적인 생산력도 높아진다.

어떤 음식, 어떤 음악, 어떤 활동이 세로토닌과 도파민의 양을 증가시키는가 하는 것은 개인마다 조금씩 다르다. 따라서 당신에게 맞는 음식과 음악, 활동을 스스로 찾아내야 한다. 캐나다의 맥길대 연구팀은 19~24세 성인 가운데 8명을 선정하여 PET스캐너(양전자 단층촬영장치) 등을 이용해 이들이 좋아하는 음악을 들을 때의 반응을 살펴보았다. 온몸이 짜릿해질 정도로 좋아하는 음악을 들으면 '선조체striatum'라는 뇌조직에서 도파민이 분비되는 등 신체적 반응을 보이는 것으로 관찰되었다. 반면에 별다른 감흥이 없는 음악을 들었을 때는 도파민이 분비되지 않았다.

머릿속으로만 세로토닌과 도파민 공부를 할 것이 아니라 지금 당장 책을 덮고 밖으로 나가자. 햇빛을 쬐거나 세로토닌과 도파민 수치를 높일 수 있는 운동을 해보자. 당신은 어떤 음식, 어떤 예술작품, 어떤 운동, 어떤 음악에 기분이 들뜨고 설레는가? 차분하게 생각해보자. 당신에게 도움이 될 것들은 당신 자신만이 찾아낼 수 있다.

창의적인 사람은
유머감각도 뛰어나다

2010년 포브스는 브라질의 리우데자네이루를 '세계에서 가장 행복한 도시'로 선정하였다. 당시 포브스는 "유쾌한 유머, 풍요로운 삶, 즐거운 카니발이 브라질을 행복하게 만든다"라고 분석하였다. 나는 그 첫 번째 이유가 '유머'일 것이라고 생각했다. 브라질을 여행하면서 가장 인상적이었던 것은 그 나라 사람들의 '낙천적인 성격'과 '웃음'이었다. 브라질 사람들은 정말로 많이 웃는다. 웃는 것이 삶 자체로 보일 정도였다.

자, 당신의 오늘 하루를 돌아보라. 오늘 당신은 몇 번이나 웃었는가? 내리 짜증만 낸 날이었다면 거울 앞에 서서 억지로라도 웃어보자.

당신의 뇌가 창의적으로 움직이면서 창의적인 아이디어를 가져다줄 것이다.

유머는 죽을 사람도 살려낸다

유머는 죽음의 순간 앞에서도 당신을 살릴 수 있는 대단한 힘을 가지고 있다. 유머감각의 화학작용은 인간에게 생명력을 불어넣어 준다.

빅터 프랭클이 쓴 《죽음의 수용소에서》는 자신이 아우슈비츠 수용소에 수감되었다가 살아남기까지의 처절한 경험과 깨달음을 담아낸 책이다. 그는 이 책에서 인간을 '의미를 찾아가는 존재'로 규정하고 '왜' 살아야 하는지를 아는 사람은 어떤 상황도 견뎌낼 수 있다고 설명했으며, 상담치료기법 중 하나인 '의미치료logotherapy'를 만들기까지의 과정을 담았다. 그의 책은 스티븐 코비의 책을 비롯한 다양한 책에서 의미 있게 인용되고 있다.

그는 아우슈비츠 수용소의 건축공사장에서 친구들에게 하루에 한 가지씩 재미있는 이야기를 만들어보게 함으로써 유머감각 개발훈련을 시켰다고 한다. 그가 처참하고 참담한 강제수용소에서 고통과 시련을 극복하고 살아남을 수 있었던 것이 암흑 같은 그 순간에도 상상력을 동원해 유머감각을 유지하면서 창의적인 시간을 보냈기 때문은 아니었을까?

　주위에서 유머감각이 있다고 평가되는 사람들을 떠올려보자. 대부분이 대인관계도 좋고 행복지수도 높을 것이다. 특히나 요즘처럼 경제적으로 어렵고 신 나는 일이 없을 때에는 유머의 중요성을 강조하게 된다.

　삭막해 보이는 정치세계에서도 유머는 큰 힘이 되곤 한다. 모 정치인은 특유의 사투리 유머로 딱딱한 분위기를 바꿔보려고 했다고 한다.

　"지하철에서 경상도 학생들이 사투리로 시끄럽게 대화를 하고 있었는데, 맞은편의 서울 학생들이 '거기 좀 조용히 해주세요'라고 말했다고 합니다. 이에 경상도 학생들이 '마, 이 칸이 니 칸이가!(이 지하철 칸이 다 너희 칸이냐!)'라고 받아치자 서울 학생들이 목소리를 낮추며 이렇게 소곤거렸다고 합니다. '거봐, 한국 사람이 아니라고 했잖아.'"

　이처럼 유머는 정치인들에게 중요한 이미지메이킹 전략 중 하나다. 고도로 계산된 정치적 목적이 담겨 있는지는 알 수 없지만 유머를 통한 정치활동은 널리 알려진 일이다.

　미국의 전직 대통령 중에도 유머감각이 뛰어난 사람들이 많았다. 특히 고 레이건 대통령은 영화배우 출신의 공직자라서인지 농담을 곧잘 했다고 한다. 저격수가 쏜 총에 맞았던 레이건 대통령이 병원에 실려 왔을 때 간호사에게 "내 몸에 손을 대다니, 내 아내 낸시의 허락은 받았나요?"라는 농담을 건넸고, 수술을 하러 온 외과의사들에게도 "당신들, 물론 공화당원들이겠지요?"라고 했다고 한다. 놀라서 달려온 낸시에게는 "여보, 내가 총알 피하는 걸 깜박 잊었지 뭐요"라고 했단다. 이처럼 심각한 순간에도 주변 사람들을 침착하게 만들기 위해 유머를 잃지 않았다는 이야기는 그를 다시 보게 만든다.

웃을 일을 찾아라

창의적인 사람은 일상생활에서도 유머를 효과적으로 구사한다. 우리는 보통 언제 웃게 되는가? 곰곰이 생각해보면 틀에 박힌 사고가 고정관념에서 벗어날 때, 남과 다른 시각으로 사물을 볼 때 웃음이 터져 나온다. 웃음, 곧 유머는 마음의 긴장을 풀어주고 뇌가 활발히 움직이도록 돕는데, 특히 우뇌의 발달을 촉진한다. 그런데 우뇌는 창의성과 깊은 관련이 있어서 우뇌가 발달하면 창의력도 그만큼 높아지게 된다.

당신은 직장 내에서 유머가 풍부한 사람인가 아닌가? 각종 모임에서 당신은 초대하고 싶은 사람일까, 그 반대일까? 웃음은 창의력을 높여줄 뿐만 아니라 행복한 사회생활을 할 수 있게 하고, 우리 삶을 건강하게 만든다. 이제부터 틈만 나면 웃어보자. 아니, 틈을 내서 웃어보자. 그리고 주변에 있는 이들도 즐겁게 해주자. 그러면 창의적인 아이디어가 떠오르는 것은 물론이고 삶 자체도 긍정적으로 바뀔 것이다.

남들이 만들어낸 유머를 듣고 웃지만 말고, 당신이 직접 유머를 만들어보는 것도 한 방법이다. 유머는 개그맨이나 개그 작가들만 지어낼 수 있는 어려운 것이 아니다. 일상생활에서 작은 노력만 기울여도 누구나 다 '유머러스한 사람'이 될 수 있다.

특히 창의성을 계발하고 싶은데 머리가 굳어진 사람이라면 우선 머리가 말랑말랑해지도록 유머를 연구해보자. '유머노트'를 장만해 적극적으로 유머를 만들어 활용하는 것도 좋고, 새로 알게 된 기발한 유머를 외워두었다가 주위 사람들에게 들려주는 것도 좋다.

당신은 모임 자리에서 몇 가지나 유머를 구사할 수 있는가? 하나도 없다면 오늘부터 당신의 창의적인 두뇌를 위해 하루에 한 가지씩 유머를 외워보자. 유머수첩이나 유머집이 있다면 큰 도움이 될 것이다. '개나리(계급장 떼고 나이는 잊고 릴렉스하게)', '주전자(주인답게 전문성을 갖추고 자신감을 갖자)', '오바마(오래오래 바라는 대로 마음먹은 대로)'와 같은 재미있는 건배사도 몇 개 외워서 당신의 '창의력 주머니'에 넣고 다니자. 웃음이 당신을 행복하게 만들어줄 것이다.

자신에게 어울리는 건배사 세 개 정도는 언제 어디서든지 활용할 수 있도록 준비해보자. 신년 건배사, 연말 건배사, 스토리 건배사와 같은 상황에 어울리는 유머 몇 개 정도면 충분할 것이다.

일상과 예술을 접목시켜라

김구 선생은 《백범 일지》의 '내가 원하는 우리나라'라는 글에서 '오직 한없이 가지고 싶은 것은 높은 문화의 힘이다. 문화의 힘은 우리 자신을 행복하게 하고 나아가서는 남에게 행복을 주기 때문이다'라고 하였다.

창의력을 키우는 방법은 그야말로 무궁무진하다. 나는 그중에서 가장 좋은 방법이 '예술과 친구가 되는 것'이라고 생각한다. 앤 봄포드 교수 역시 예술을 통해 창의력이 길러질 수 있다고 주장했다. 시, 회화, 음악, 무용 그 어떤 것이든 자신이 좋아하는 문화예술 감각을 키울 수 있다는 것이다.

그렇다면 과연 예술이란 무엇일까? 예술은 문학, 음악, 미술, 무용, 건축, 디자인, 영화 등 그 장르가 매우 다양하여 한 가지로 정의하기가 쉽지 않다. 문학의 거장이라 하면 톨스토이, 괴테, 헤밍웨이, 셰익스피어를 들 수 있고, 미술에서는 다 빈치, 피카소, 미켈란젤로를, 음악에서는 모차르트, 쇤베르크 등을 꼽을 수 있다.

톨스토이는 "예술이란 예술가가 경험한 감정을 다른 사람에게 전달하는 것"이라고 정의하였다. 그의 말을 해석하자면 좋은 예술작품은 예술가가 표현한 감정과 느낌을 감상하는 사람에게 제대로 잘 전달되었을 때에야 가능한 것이라 할 수 있다. 콜링우드는 1938년 출판된 《예술의 원리》에서 예술이야말로 감정을 표현하는 필수적인 요소라고 강조하였다.

아티스트도 처음에는 아마추어로 시작한다

"내 인생의 주인은 나다. 일상이 퍼포먼스다"라고 말한 어빙 고프만의 표현에 따르면 사회는 하나의 거대한 공연장이고 그 안에서 벌어지는 모든 일들은 퍼포먼스인 셈이다. 지금 우리가 살고 있는 이 시대는 과거 그 어느 때보다 예술을 접하고 자신의 의지를 예술적으로 표현하는 데 '벽'이 존재하지 않는다. 마음만 먹으면 원하는 이미지를 다운받아 약간만 변형시켜 자신만의 예술작품을 만들어낼 수도 있다. 얼마 전에는 아이폰 영화제도 개최되지 않았던가!

게다가 한 국가가 지닌 예술의 힘은 곧 국력이라는 말도 있다. 과거로부터 현대에 이르기까지 예술의 힘은 곧 국가 경쟁력의 지표여서 각국에서는 예술 인프라 구축에 지대한 관심을 가져왔다. 이러한 시대적인 요청으로 동서고금을 막론하고 많은 나라에서 예술 인프라 구축을 위해 예술영재 육성에 주력하였다. 특히 예술의 고부가가치를 일찍이 인식했던 고대의 그리스, 중세의 로마, 근대의 영국은 문화예술의 인프라 구축에 심혈을 기울였다.

최근에도, 영국은 국가적 차원에서 문화예술 인프라 구축작업에 온 힘을 다하고 있다. 자타공인 문화강국인 영국은 국공립 미술관이 소장한 작품으로 국가 차원의 창의력 교육에 힘쓰고 있다. 또한 국가 재산을 불리고 신진작가를 키우는 웰스 매니지먼트에도 관심을 기울이고 있다.

우리나라에서도 조선일보와 문화관광부 공동 주최로 '아시아프'라는 행사를 주관하고 있다. 일종의 장기적인 국가 수준의 프로젝트라 할 수 있는 아시아프 페스티벌에서는 작가만 선정하는 것이 아니라 학생 수백 명을 대상으로 예비 큐레이터나 아트 딜러 교육도 동시에 실시한다.

사실 예술로 창의력을 키우는 일은 크게 어려운 일이 아니다. 영화

'일 포스티노'를 보면 시인이 되기 위해서 얼마나 많은 노력이 필요한지를 알 수 있다. 윤정희 주연의 영화 '시'는 시를 잘 쓰려면 관찰을 잘하라고 말한다. 주변을 관찰하는 자세가 바로 예술을 시작하는 자세이기 때문이다. 또한 창의적인 사람으로 발돋움하기 위한 첫 번째 단계 역시 관찰을 잘하는 것이다. 지금 당장 맘먹고 시 한 편을 지어보자. 어렵게만 생각하지 마라. 표현하고자 하는 주제를 정해 몇 줄로 함축해 표현하면 그게 바로 시다.

예술가는 지루할 틈이 없다

요즈음은 다중정체성을 요구하는 시대이다. 바로 당신이 시인도 되고 화가도 될 수 있다. "기회가 되면 다음에 해보죠"라고 하지 말고 지금 당장 예술가가 되어보자.

창의력을 키우기 위한 예술교육은 직접 가서 볼 때 효과가 가장 크다. 직접 그림을 접하면 그것이 뇌세포에 각인된다고 하지 않는가! 예술 감상은 남녀노소를 막론하고 꼭 필요하다. 당신은 최근에 미술관을 다녀온 적이 있는가? 미술관에 가면 이동을 어떤 식으로 하는가? 그림에 관한 설명을 꼼꼼하게 읽는 편인가, 그 반대인가? 오디오 가이드를 들으면서 입시생처럼 감상을 하는 스타일인가? 아니면 마음 편하게 그림 자체에만 집중하는 스타일인가? 미술 감상에 관한 정답은 세상에 없다. 그러니 그림을 보며 떠오르는 이미지에만 마음을 집중해보라. 그림책만 보는 것으로는 창의력이 자라는 데 한계가 있다. 발품을 팔아 직접 가서 감상하는 과정은 당신의 영혼을 한층 더 성숙시킬 것이다.

나는 2009년에 뉴욕으로 여행을 간 적이 있다. 책으로만 접해왔던 미술작품들을 직접 체험하고 싶어서 맘먹고 떠난 여행이었다. 그때의 경험은 이전까지 내가 가지고 있던 상상력에 일격을 가했다. 책 속에 앉아있던 작품과 눈앞에서 직접 마주한 작품은 말 그대로 '천지 차이'였다. 미술에 대한 나의 시각을 완전히 뒤바꿔놓았다고 해도 과언이 아니다.

바쁘다는 핑계로 당신을 위한 수많은 '기회'들을 스스로 빼앗고 있지는 않은지 돌아보자. 언젠가 당신에게도 우연히 만나는 예술작품 하나가 있어 당신의 인생이 송두리째 바뀌는 특별한 계기와 행운이 따르기를 간절히 희망한다.

창의적인 아이디어는
운동으로 단련된다

살아있는 동안 창의적인 일을 하면서 신나게 살려면 우리의 두뇌와 신체를 건강한 상태로, 아니 최적으로 상태로 유지해야 한다. 이것이 바로 내가 주장하는 일명 바디디자인과 두뇌디자인이다. 지금 당신은 당신이 가지고 있는 몸과 두뇌가 마음에 드는가?

바디와 브레인이 마음에 들지 않는다면 오늘부터 당장 바디 리모델링과 브레인 리모델링에 들어가도록 하자. 건물만 리모델링이 필요한 게 아니다. 당신의 바디와 브레인도 리모델링해서 업그레이딩시켜야 한다.

솔직히 말하면, 내가 운동으로 창의력을 키워보자고 주장하는 게 조금 황당할 수 있다. 나 자신도 한때 그런 생각을 했으니까 말이다. 10년 전쯤 책상 앞에만 앉아 있다가 기사회생한 나는 창의력 계발에 운동처럼 좋은 활동이 없다는 것을 잘 안다. 근력이 없어 아파트 한 바퀴도 못 돌고 숨이 차서 헉헉거리던 어느 날, '이러다간 한순간에 가겠구나' 하는 생각이 들었다. 그날부터 나는 열심히 걷기 시작했다. 3년 전부터는 마음을 독하게 먹고 피트니스클럽에 등록을 하고 근력을 키우기 시작했다. 시간이 날 때마다 등산도 했다. 조금씩 근력이 붙기 시작하면서 터키와 중남미 여행을 꿈꾸기 시작했다. 그렇게 3년쯤 흘렀을 때 체력적인 소모가 많았던 중남미 여행을 거뜬하게 해낼 수 있었다. 운동 덕분이었다. 또한 여행을 하면서 창의적인 연구를 할 아이디어를 재충전시킬 수 있었다. 그 당시 내가 운동을 시작하게 된 계기는 운동 효과에 대한 과학적인 연구결과를 접하면서였다. 요즘에도 근육과 두뇌의 다른 부분을 골고루 발달시키기 위해 요가와 태보를 열심히 하고 있다.

근육이 움직이면 뇌도 따라 움직인다

아침 운동이 학생들의 뇌를 깨워 학습능력 향상에 도움을 준다는 발표가 있으면서 특목고를 비롯한 몇몇 학교에서 0교시 운동시간이 생겼다고도 한다. 이는 KBS의 다큐프로그램인 '생로병사의 비밀' 300회 특집으로 방송되어 화제가 되기도 했다.

근육이 움직이면 인지기능을 담당하는 뇌 회로도 운동을 하게 된다. 뇌도 신체의 한 부분이고, 운동을 할 때 뇌세포로 이루어진 회로를 사용하기 때문에 운동을 하면 인지기능이 강화된다. 기억력이나 집중력 같은 학습능력뿐만 아니라 도파민, 세로토닌 등 신경전달물질의 분비를 증가시켜 창의력에도 도움이 된다.

특히 유산소 운동을 30분 하면 창의력이 더욱 향상된다. 운동 종목에 상관없이 적어도 2시간은 효과가 지속된다고 한다. 아이디어가 떠오르지 않을 때는 유산소 운동을 해보자. 단지 빨리 걷기만 해도 창의력이 높아진다. 걷기는 완벽한 운동이다. 걸으면 우리 몸속에 있는 200여 개의 뼈와 600개가 넘는 근육이 일제히 움직이기 시작하고 장기들도 활발하게 활동하는데, 이때 뇌의 움직임도 활발해진다. 시간이 없어 헬스클럽에 갈 수 없다면 하루에 30분씩 걸을 수 있는 시간을 확보하면 된다.

미국 일리노이 대학교 의과대학 연구팀이 뇌 크기가 평균인 사람 210명에게 1회 1시간씩 일주일에 3회 정도 빨리 걷기를 시키고 3개월 뒤에 기억을 담당하는 뇌세포의 활동상태를 조사하였다. 연구결과 자신의 연령대보다 평균 세 살 어린 활동력을 보였다. 이렇게 걷기를 하면 기억력은 물론 창의력도 활발해진다. 많은 철학자들이 걸으면서 사색을 즐겼다는 것은 널리 알려져 있다. 다 이유가 있는 '걷기'였던 셈이다.

창의적인 아이디어가 필요한데, 도저히 아이디어가 떠오르지 않는다면 무조건 밖으로 나가서 걸어보라. 철학자들이 걷기를 하며 사색을 즐겼던 이유를 알게 될 것이다. 아이디어에 대한 강박관념에서 벗어나 걷다 보면 모든 사물에 대한 감각이 새롭게 눈뜨고 창의적인 아이디어가 떠오를 것이다.

'시간 나면 운동해야지'는 틀렸다!

요즘 우리나라에서도 걷기 운동이 열풍이다. 올레길, 백두대간 등반, 산티에고 순례길 등이 트렌드가 되고 있다. 그렇지만 생활 속에서 직접 실천에 옮길 수 있는 가장 쉬운 걷기 운동은 도심 산책이다. 하루에 20~30분만 짬을 내자. 규칙적으로 걷기를 하다 보면 어느새 당신의 뇌는 '창의적인 두뇌creative brain'로 진화하고 있을 것이다.

신개념 피트니스를 할 수 있는 운동을 찾아보자. 내가 사는 동네에도 마셜 아트와 같이 다양한 격투기의 장점을 모아서 운동을 하는 곳이 생겼고, 힙합클럽댄스, 라틴댄스 등을 추면서 유산소 운동을 하는 곳도 생겼다. 요즘은 집으로 방문해서 운동을 함께 해주는 퍼스널 트레이너도 있다. 혼자 운동하기가 어렵다면 전문 퍼스널 트레이너의 도움을 받아서 시작하는 것도 좋다.

피트니스 클럽에 가는 것이 싫다면 스마트폰 무료 앱을 받아서 집에서 혼자 운동을 해도 좋다. 스마트폰 운동 앱을 이용해서 화면에 나온 사진과 동영상을 보며 혼자서 편한 시간에 하는 것이다. 원 헌드레드 푸시업, 굿바이 뱃살, 식스팩프로, 두스쿼츠와 같은 다양한 애플리케이션을 활용해 자신이 원하는 운동을 24시간 할 수 있는 시대가 되었다. 우리 모두가 스마트한 개인 트레이너를 갖게 된 것이다.

개인적으로 나는 요가나 필라테스와 같이 스트레칭을 하는 것이 창의력에 많은 도움을 준다고 생각한다. 신체가 유연해야 두뇌도 유연하고 창의적인 아이디어가 나오기 마련이다. 인도를 방문했을 때 어느 초등학교에서 아침마다 전교생이 요가를 하고 수업을 시작하는 것을 보고 참 특이하게 여겼었다. 그러더니 2010년에 한 국회의원이 인도의 초등학교에 요가교육을 의무화하는 법안을 추진하고 있다는 뉴스를 들었다. 몸이 굳어 있으면 정신도 굳어 있게 마련이라는 사고에서 나온 아이디어가 아닐까 싶다.

'시간 나면 운동해야지'라는 생각을 갖고 있는 사람은 꾸준히 운동하기가 어렵다. 당신이 그런 사람이라면 운동을 하면 창의력이 좋아진다는 신념을 먼저 갖자. 스트레스를 많이 받는 날에는 더 많은 양의 운동이 필요하다. 그래야 뇌가 원활하게 움직이기 때문이다. 밥을 먹는 것처럼 운동도 하루 일과 중 하나로 생각해보자. 그래야만 나이가 들어서도 계속 운동을 할 수 있다. 어떤 형태로든 자신의 상황에 잘 맞는, 그리고 자신이 오랫동안 흥미를 느낄만한 운동을 찾아보자. 그것도 내일로 미루지 말고, 지금 당장 시작하자. 지금 읽고 있는 책을 내려놓고 스트레칭부터 시작해보자. 창의적인 뇌가 만들어지는 소리가 들릴 것이다.

'창의성 일지'는
창의적인 습관을 만든다

오늘 하루를 떠올려보자. 뭘 하고 지냈는가? 무슨 생각을 하고, 무엇을 느꼈는가? 창의적인 일은 조금 했는가? 아니면 매일 반복되는 일만 했는가? 무슨 일을 했는지 생각나지 않을 정도로 지극히 평범했는가? 평소에는 잘 몰랐는데 오늘 새롭게 느꼈거나 생각했던 것이 있었는가? 그 내용을 원고지에 써본다면 몇 장 정도 되겠는가? 한두 장? 수십 장? 수백 장?

제임스 조이스의 소설 《율리시스》는 하루에 일어난 일을 1,000장에 걸쳐 묘사한 대작이다. 이 책을 읽어보면 그를 왜 '창의력의 대가'라고 부르는지를 알게 된다. 《율리시스》는 주인공 블룸의 하루 일상을 아주

상세하게 그려내고 있다. 정확히 말하면 1904년 6월 16일 아침 8시부터 다음날 새벽 2시까지 18시간 동안 일어난 일을 현미경으로 들여다보는 것처럼 낱낱이 묘사한다. 신문사 광고 판매인인 블룸의 하루 일상 속에는 인간사의 모든 일과 감정이 고스란히 녹아 있다.

창의력을 설명하는 요인 중에 정교성이라는 요인이 있다. 말 그대로 정교하게 풀어놓는 능력을 가리킨다. 디테일하게 무엇인가를 글로 쓰거나 그림으로 표현하는 능력이라 할 수 있는데, 그런 면에서 제임스 조이스는 정교성의 대가라 할만하다.

당신은 오늘 하루에 만족하는가?

현재의 순간순간들이 모여 하루가 되고, 하루하루가 모여 1년이 되고, 인생이 된다. 창의력을 발휘해서 행복하게 사는 것이 손에 잘 안 잡히면 순간을, 하루를 창의적으로 살아보자. 당신은 하루 동안 어떤 일을 했을 때 가장 행복감을 느끼는가? 매일 똑같은 일을 하는 것보다는 어제와 다른 일을 했을 때 그 '하루'에 대한 만족감이 클 것이다.

순간, 찰나, 카르페 디엠. 이는 정말 어려운 이야기다. 법정 스님이 설파한 것도 순간순간을 소중하게 여기라는 것이었다.

"삶은 소유물이 아니라 순간순간의 있음이다. 영원한 것이 어디 있는가. 모두가 한때일 뿐. 그러나 그 한때를 최선을 다해 최대한으로 살 수 있어야 한다. 삶은 놀라운 신비요, 아름다움이다."

《버리고 떠나기》 중에서

"삶의 순간순간이 아름다운 마무리이며 새로운 시작이어야 한다. 아름다운 마무리는 지나간 모든 순간들과 기꺼이 작별하고, 아직 오지 않은 순간들에 대해서는 미지 그대로 열어둔 채 지금 이 순간을 받아들이는 일이다. 아름다운 마무리는 낡은 생각, 낡은 습관을 미련 없이 떨쳐버리고 새로운 존재로 거듭나는 것이다. 그러므로 아름다운 마무리는 끝이 아니라 새로운 시작이다."

《아름다운 마무리》 중에서

법정 스님은 정말 창의적인 분이다. 순간순간의 중요성을 잘 아셨던 분이다. 내가 그분의 책을 다 읽었던 이유도 바로 여기에 있다.

나는 새벽 4시쯤에 기상해서 3~4시간 정도는 글을 쓴다. 그러다가 심심하면 책을 읽는다. 글쓰는 것에 관한 책도 읽지만 소설책도 많이 본다. 가브리엘 마르케스의 《백 년 동안의 고독》의 아무 페이지나 펼쳐 들고 상상력을 가동시킨다. 안톤 체호프의 단편소설, 김영하의 소설도 가끔씩 꺼내 읽는다. 아멜리 노통브의 소설도.

그러다가 책읽기에 싫증이 나거나 소설책만 읽는다는 죄책감이 들

때면 뇌과학 서적을 읽기도 한다. 시집을 읽기도 한다. 서재에서 읽다가 거실에서 읽기도 한다. 한 자리에 고정적으로 앉아 읽을 때도 있지만 대부분 다양한 스트레칭 자세로 운동을 하면서 독서를 한다. 이렇게 책을 읽으면 앉아서 읽을 때보다 집중력이 더 높아져서 머릿속에 잘 들어온다. 되풀이해서 읽는 책도 많다. 세상이 약간 허무해 보일 때는 에릭 호퍼의 《에릭 호퍼, 길 위의 철학자》를 꺼내서 읽고 나도 '길 위'를 걷는다.

아침에는 운동을 한 시간씩 꼬박꼬박 한다. 다시 동기유발을 시키며 읽기와 쓰기를 한다. 여기저기 전화도 건다. 오늘을 가장 창의적으로 만들어줄 그 무엇인가를 생각한다. 매일매일 생활 속의 창의력 활동을 실천한다. 어떤 날에는 새로운 방법으로 등산을 하고, 새로운 음식을 만들고, 새로운 장르의 영화를 보고, 새로운 여행을 떠난다. 나는 오늘 하루를 내 평생에서 가장 행복하게 기억될 날로 만들려고 노력한다.

하루하루를 허투루 보내지 말고 창의적으로 보내자. 오늘을 '내 인생에서 다시 돌아오지 않을 하루'라고 생각하자. 순간순간이 찬란하게 빛나고 행복해질 것이다. 오늘 하루 일과를 끝냈을 때, 자신을 대견하게 바라보며 "오늘 정말 축제처럼 잘 살았다"라고 말할 수 있도록 순간순간에 최선을 다하도록 하자.

내 인생을 바꿔놓았던 '창의성 일지'

하루하루를 '놀이'처럼, 매일매일을 새로운 날처럼 설레는 마음으로 사는 것이 바로 창의적인 하루이다. 내가 30년 동안 신조로 삼고 있는 것이 '일일일신(一日一新)', '아행타행(我幸他幸)' 프로젝트다. 이 활동은 나의 트레이드마크 활동이라고 할 수 있는데, 강연을 할 때마다 강조하는 내용이기도 하다. 그것은 하루에 한 가지씩 매일 새로운 일을, 자신과 타인의 행복을 위해서 간단한 프로젝트를 하자는 것이다.

오늘부터 당신도 그전에 해보지 않았던 일을 하루에 딱 한 가지씩만 실천해보자. 그러나 과유불급은 금물! 처음엔 하루에 한 가지씩 새로운 일을 하는 것도 그리 녹록지 않다. 처음엔 하루에 한 가지씩만 해도 충분하다. 아행타행이 어려우면 일일일신만 시도해보자. 일일일신이 가능해진 뒤에는 아행타행까지 확장해보자.

나는 창의력 교육을 할 때마다 '행복'을 부르짖는다. 내가 행복을 강조하는 이유는 창의력에 관심을 갖고 매일매일 창의력을 조금씩 키우려고 노력하다 보면 매 순간이 만족스럽고 즐겁다는 것을 잘 알고 있기 때문이다.

내가 일일일신을 신념으로 삼는 계기가 있었다. 미국 중서부 미드랜드 지역의 한 대학에서는 여름방학마다 각 대학에서 창의력을 강의하는 교수들이 한자리에 모여 자신의 강의계획서를 서로 교환해 보고 토론을 한다. 강의계획서에는 강의내용과 교육과정, 평가방법, 과제물, 필독서 등 다양한 내용이 정리되어 있고, 교수들은 각자 자신의 취향대로 교육내용을 구성한다. 그중에서 교수들이 공통적으로 좋아하는 과제물이 있었는데, 그것이 바로 '창의성 일지Creative Log' 기록이었다. 창의성 일지는 생각보다 간단하다. 그동안 자신이 한 번도 해보지 않았던 일들을 매일매일 하루에 한 가지씩 해보고 그 느낌을 적어보는 것이다. 그러다 보면 '뇌'는 매일매일 지루함을 모르게 된다. 매 순간이 즐거워지고 만족스럽고 행복감을 느끼게 되는 것이다.

그 일을 계기로 나는 창의력과 행복을 양손에 꽉 잡을 수 있는 비법을 알게 되었다. 그 이후 나는 매일매일 하루에 한 가지씩, 어떤 날엔 열 가지도 넘게 그전에 해보지 않았던 일을 시도한다. 그러다 보니 매일매일 지루할 틈이 없다.

새로운 브라질 요리 슈라스케를 먹어보고, 새로운 장르의 소설을 읽고, 경비행기 조종을 해본다. 또 어떤 날에는 새로운 개념의 전시회를 찾아다니고, 새로운 음식점을 찾아내기도 한다. 물론 새로 개봉된 영화는 꼭 챙겨보고, 관심 분야의 신간들도 놓치지 않고 사 읽는다.

오늘부터 당신도 창의성 일지를 써보자. 오늘 난생 처음 새로운 과일을 먹었다면 그 느낌을 적어보자. 뇌가 그것을 어떻게 느꼈는지 글로 써도 좋고, 그림으로 그려넣어도 좋다.

나는 창의성 일지를 10년째 필수과제로 내고 있는데, 학생들은 이 일지를 매우 소중한 경험으로 받아들인다. 나는 창의성의 개념이나 역사를 아는 것보다 더 중요한 것이 실제로 창의력을 키우는 것이라고 믿는다. 창의성 일지를 기록하다 보면 창의적인 습관을 갖게 되고, 뇌에는 창의적인 회로가 생긴다. 며칠 동안 하면 좋겠느냐는 질문을 받을 때, 나는 적어도 100일 동안 '일일일신(一日一新)' 활동을 해보라고 권한다. 그러다 보면 습관이 생기고, 1년 정도 지나면 창의적인 뇌 회로가 생긴다는 설명과 함께. 물론 이것은 당신의 선택이다. '해볼까 말까' 하는 갈등이 생긴다면 우선 딱 사흘만 해보자. 그리고 3주 정도를 계속하면 뇌에서 '일일일신' 습관을 기억하게 되고 무의식중에 그 행동을 하게 된다. 사랑스럽고 창의적인 당신의 뇌가 습관을 기억하게 되는 3주일만 넘기면 석 달(약 100일) 동안 자동적으로 창의성 일지에 빠져들게 될 것이다. 100일을 무사히 넘겼다면 1년의 고비를 넘겨보자. 그러면 평생 동안 '일일일신'은 당신 옆에서 당신을 행복하게 해줄 것이다.

어제와 같은 오늘, 뇌는 지루하다

중소기업 CEO 대상의 특강에서, 50대 중반의 한 남성이 손을 들고 질문을 했다. 그는 매우 시니컬한 표정이었고 양미간을 찡그리고 있었다.

"50년 이상을 살았는데, 아직까지 한 번도 안 해본 것이 있을까요?"

"아 그러시군요. 정말 모든 것을 다 해보셨을까요?"라고 내가 되묻자, 어떤 한 사람이 "저는 55세인데 아직까지 노래방에 한 번도 가본 적이 없어요"라고 말했고, 또 다른 사람도 손을 들며 "저두요"라고 했다. 바로 이런 것이다. 남들은 다 해봤는데, 나는 아직 한 번도 안 해본 것, 그런 소소한 것들을 생활 속에서 찾아서 하루에 한 가지씩 실천해 보는 것이다.

워크샵을 진행하면서 창의성 일지 첫 페이지에 기록하고 싶은 활동을 발표해보라고 하면 참 재미있는 활동들이 많다. '삭발하고 싶다, 하루 종일 휴대폰을 꺼 놓고 싶다, 무단결근을 하고 싶다, 하루 종일 자고 싶다, 배꼽티를 입고 출근하고 싶다, 머리를 빨갛게 염색하고 직원회의에 참석하고 싶다, 30분 일찍 퇴근하고 싶다, 단 하루만 불량 교사가 되고 싶다, 한 달치 월급을 몽땅 여행경비로 쓰고 싶다, 콧수염을 기르고 싶다, 락 밴드에서 활동하고 싶다' 등등.

처음엔 아주 쉬운 일을 하다가 조금씩 난이도를 높여가면서 새로운 일에 도전하도록 하자. 만일 그전에 해본 적이 없다면 스노우보드를 타본다, 샌드 보드를 타본다, 패러글라이딩을 해본다, 강연을 해본다, 신문에 투고를 해본다 등과 같이 약간 수위를 높여보는 것도 흥미로울 것이다.

사람들이 가장 궁금해하는 것 중의 하나가 바로 '왜 하루에 한 가지씩이냐?'는 것이다. 인간의 두뇌는 처음엔 새롭게 보이는 것이라도 며칠 지나면 새롭게 보이지 않아서 뇌는 곧 그 활동을 지루해한다. 따라서 매일 하루에 한 가지씩 새로운 일을 찾아서 해보라는 것이다.

여기서 흥미로운 이야기 하나를 해볼까 한다. 당신이라면 다시는 되돌아오지 못할 '화성여행' 프로젝트에 참여할 용기가 있는가? 2011년 1월 10일 미국의 폭스뉴스는 최근 발간된 〈우주론저널The Journal of Cosmology〉 특별판에서 향후 20년 안에 민간자금으로 편도 화성여행이 가능하다며 지원자를 모집한 결과 '못 돌아오는 화성여행' 프로젝트의 지원자 수가 400여 명에 달했다고 밝혔다.

만일 당신이라면 이 여행에 지원할 수 있겠는가? 평생 지구에 돌아오지 않고 화성에 정착해서 살 자신이 있는가? 우주비행사의 심리를 연구해온 미국의 앨버트 해리슨 교수는 "매우 긴 고립기간이 될 것"이라며 "참신함이 차츰 사라지면 죽도록 지겨워질 것"이라고 말했다. 우리의 두뇌는 새로운 것을 좋아하는 본능도 있지만, 그 새로움이 며칠, 몇 달, 몇 년 안에 사라지면 지겨움을 느낀다고 한다. 그래서 하루에 한 가지 정도의 새로운 일을 하면서 뇌를 지속적으로 즐겁게 만들어주는 일종의 기술이 필요한 것이다.

건강한 몸과 창의적인 두뇌는
한몸으로 움직인다

창의력을 발휘하려면 무엇보다도 건강하고 매력적인 외모가 기본이다. 물론 이것은 지극히 내 개인적인 의견이다. 내 의견에 동의하지 않는 사람도 있겠지만 나는 정말로 그렇게 생각한다. 소프트웨어만큼 중요한 것이 하드웨어라고 생각하기 때문이다. 널리 알려진 바와 같이 몇 명의 대통령과 수많은 정치인들이 선거를 앞두고 보톡스 주사를 맞거나 쌍꺼풀 수술 같은 성형을 하며 외모 관리를 하였다.

외모에 대한 자신감은 내적 자신감으로 연결될 수 있다. 들쑥날쑥한 치아 때문에 프레젠테이션에서 자신감을 잃을 수 있고, 뒷머리가 휑해서 TV 출연을 망설이는 사람도 있다.

우리는 외모가 경쟁력인 시대에 살고 있다. 만약 오늘 당장 일과 관련한 중요한 미팅이 있는데, 극도로 피곤한 상태라서 눈은 벌겋게 충혈되어 있고, 말할 때 구취가 나고, 피부가 건조해서 각질이 일어나 있고, 다크서클이 내려와 파운데이션으로도 가려지지 않고, 몸 어디에선가 퀴퀴한 냄새가 난다고 상상해보자. 게다가 누적된 피로로 인해 온몸에서는 부정적인 기운이 뿜어지고 있다고 상상하면 끔찍하지 않은가. 아마 그런 사람과 프로젝트를 함께하고 싶은 사람은 없을 것이다.

창의력은 건강한 몸에서 나온다

나는 박사학위를 받고 10년 정도를 미친 듯이 일만 했다. 강연과 글쓰기를 병행하며 정신없이 일하다 보니 어느덧 30대 후반에 접어들어 있었다. 가끔은 밥도 몇 끼씩 굶었다. 놀이인지 일인지조차 구분 못할 정도로 일에 미쳐 있었다. 그러던 어느 날 몸에서 이상신호가 오기 시작했다. 한의원에서는 겉으로는 멀쩡해 보이지만 속빈 강정 같다고 말했다. 음식을 먹어도 영양분이 몸으로 흡수가 안 될 지경이라고 했다. 병원으로부터 경고를 듣고 나는 2년 정도 병가를 냈다. 그때부터 정신을 바짝 차리고 건강을 유지하면서 더 많은 일을 할 수 있는 지혜를 터득했다. 바로 그 시간이 '생존 창의력'에 매달리게 되는 계기가 되었다.

'건강을 챙기자'고 하면 두루뭉술하게 들릴 수 있는데, 내가 여기서 말하고 싶은 것은 뇌를 포함해서 몸의 모든 부위를 어느 것 하나 소홀히 대하지 말고 관심을 가지라는 것이다. 두뇌, 심장, 폐 등과 같은 내부기관은 물론이고, 눈, 다크서클, 코, 입, 귀, 피부, 손, 손톱, 발, 발톱, 발바닥, 머리카락, 두피, 헤어스타일, 뱃살, 어깨, 척추, 근육, 걷는 모습, 시선, 목소리, 웃음, 향기, 향수, 화장품, 색상, 에너지, 표정, 걷는 모습, 의상에 이르기까지 총체적으로 관리해야 한다.

하루에 30분씩 러닝머신 위에서 달린다고 건강이 유지되는 것은 아니다. 하루에 30분에서 1시간 정도는 자신의 건강을 위해서 시간을 할애하는 것이 좋다. 《내몸 사용설명서》와 같은 책을 비롯해 건강과 관련된 책을 옆에 끼고 사는 습관을 들이고, 신문이나 TV 등에서 건강에 관한 정보를 계속 업데이트하는 것이 좋다.

과도한 업무에 시달려 스트레스를 받거나 영양 상태가 좋지 않을 때는 모든 것이 무너질 수 있다. 나는 '스트레스가 없어야 창의력이 배가되며 심리적 안정이 창의력 발휘의 원천'이라고 생각한다. 누구나 때가 되면 피부의 탄력이 떨어지고, 머리카락이 빠져나가고, 손톱은 자꾸 부러지고, 발바닥에는 티눈이 단골로 생기고, 허리가 굽어지게 되어 있다. 여자나 남자나 다 마찬가지다. 단지 여자들은 민감하고 영리해서 이를 알아차리고 신경을 쓰지만, 남자들은 둔감해서 아주 심각한

상태가 될 때까지 그것을 알아차리지 못한다. 그래서 남자들의 평균수명이 10~15살 정도 짧은지도 모르겠다. 물론 나의 주관적인 생각이지만 말이다.

누구든지 에너지가 넘치고 향기가 가득한 사람을 좋아하게 마련이다. 다크서클이 길게 내려오고, 전날 수면부족으로 토끼 눈이 되고, 몸에서는 단내가 나고, 쉰 목소리가 나고, 구취가 나고, 여기저기 군살이 삐져나오고, 과도한 스트레스로 머리카락이 푸석푸석하고, 탈모가 시작되고, 탄력 없는 피부에 찡그린 얼굴의 구부정한 자세의 사람을 좋아할 리 없다. "난 피곤해요", "난 스트레스가 많아요"라고 말할 것 같은 사람에게 호감이 갈 리 없다.

반면에 맑고 투명한 피부, 생기 넘치는 웃음, 윤기 흐르는 모발, 군살 없는 몸매를 가진 사람을 좋아하지 않을 이유는 없다. 이런 사람과의 공통 프로젝트를 거부할 이유도 없을 것이다.

당신의 뇌는 충분한 잠을 원한다

학교 다닐 때 4당 5락이란 말을 접해봤을 것이다. 그런데 부족한 잠은 창의력의 적이다. 그래서 창의력이 필요한 일부 기업에서는 직원들에게 오후 낮잠시간을 제공하기도 한다.

자, 그렇다면 창의력을 발휘하는 데 필요한 잠은 몇 시간이 적당할까? 학자에 따라 의견이 조금씩 다르지만 평균 8시간이라고 한다. 발명왕 에디슨은 하루 4시간밖에 안 잤던 것으로 알려져 있지만 아인슈타인은 10시간 정도 푹 자야 두뇌가 제대로 작동되었다고 한다. 10시간 정도 잠을 자야만 두뇌가 제대로 작동하는 롱슬리퍼에게 하루에 4시간만 자라고 하면 삶이 피폐해질 것이다. 잠이 부족한 사람이 창의적일 리는 만무하다. 10시간을 다 자고도 충분히 일할 수 있다. 세상 규칙에 자신을 억지로 구겨넣으려 하지 말자. 개인마다 수면 생체시계가 다르다는 것을 명심하자.

노년기가 되면 8시간 내외로 잠을 줄여도 되지만 청소년의 경우엔 수면시간이 훨씬 더 많이 필요하다. 수면연구 전문가인 카스카돈은 청소년의 경우는 최상의 효율성을 발휘하기 위해서 적어도 하루에 9시간 30분 정도는 잠을 자야 한다고 주장한다. 그러면 성인인 당신은 어떨까? 최적의 두뇌 상태를 유지하여 기억력, 집중력, 창의력을 높일 수 있는 수면시간은 개인차가 있다. 당신은 자신에게 필요한 수면시간을 충분히 확보하고 있는가? 눈치 안 보고 시공간을 초월해서 잠을 청할 수 있는 사람인가? 이것은 아주 중요한 문제다.

독일에서는 애나 어른이나 충분히 잔다고 한다. 잠을 줄여가면서 어떤 일을 한다는 것은 생각조차 하지 않는다고 한다. 잠의 중요성을 잘 알고 있기 때문이다. 잠을 푹 자는 습관을 가지고, 두뇌가 창의적으로 작동할 수 있도록 해보자.

나는 최적의 창의력을 내기 위해 알람시계를 맞춰놓지 않고 자는 습관을 들였다. 10년 전부터 창의적인 두뇌를 위해 졸릴 때 잠자리에 들고, 눈이 떠질 때 일어난다. 그 결과 그전보다 훨씬 더 상쾌한 것은 물론이고, 고도의 집중력과 창의력이 생겼다.

만일 수면에 문제가 있다면 차움 병원에 있는 수면치료기계의 도움을 얻는 것도 좋을 것이다. 차움 병원에서는 숙면을 통해 면역력을 높이고 노화를 방지하는 데 도움을 주는 수면치료기계 '드리머스 캡슐 dreamers capsule'을 아시아 최초로 선보였다. 숙면은 노화방지와 면역력은 물론 창의력을 발휘하는 데도 큰 역할을 한다.

끊임없이 한눈파는 세대

요즘 신세대들은 쏟아져 나오는 신상품들에 정신이 팔려 정작 중요하고 의미있는 일들을 놓치는 경우가 많다. 특히 스마트폰을 사용하는 사람들은 다양한 앱을 구경하다가 시간낭비를 했다고 후회할 때가 많다. TV채널도 너무 다양해서 우리를 한눈팔게 만든다. 한눈을 팔게 되면 집중력이 저하될 뿐만 아니라 수많은 상황과 물건들 속에서 허우적대며 많은 시간과 노력, 에너지를 낭비하게 된다.

〈뉴욕 타임스〉의 보도를 보면, 요즈음 컴퓨터와 휴대폰에 둘러싸인 젊은 '스크린 세대'는 집중력과 학습력에 심각한 장애가 있다고 한다. 스크린 세대의 두뇌가 끊임없는 자극에 노출되면서 집중력이 떨어졌다는 것이다. 신경과학자들은 끊임없이 피드백을 요구하는 컴퓨터게임 등의 온라인 활동이 TV보다 청소년의 두뇌에 더 나쁜 영향을 주고 있다고 주장했다.

행복한 자아를 발견하고 자기 존재감을 키워나가려면 끊임없이 멀티태스킹을 하는 것보다 진정한 휴식이 필요하다. 수많은 정보를 단순하게 많이 접하는 것보다는 많은 정보 중에서 의미있는 정보들을 창의적으로 선택·집중하여 활용하는 것이 훨씬 더 유익하다는 것을 유념하자.

Survival, The Creative

창의력,
대체 너는 누구냐?

즐겁고 신나는 인생은
창의력이 만든다

애브라함 매슬로우나 칼 로저스 같은 인본주의 심리학자들은 창의력 교육을 통해 자아실현을 할 수 있다고 주장했다. 창의력 교육을 통해 개인의 잠재능력을 계발하고 자아를 실현함으로써 삶의 질을 한층 더 높일 수 있다는 것이다.

창의적인 인물이라 하면 과거에는 할리우드의 거장 스티븐 스필버그의 이야기가 널리 알려졌고, 최근에는 하버드 대학을 중퇴한 빌 게이츠가 마이크로소프트 사를 창업해서 성공한 이야기와, 애플 사의 스티브 잡스 이야기가 꼽힌다. 그밖에도 2010년 〈타임〉이 '올해의 인물'로 선정한 하버드 대학 중퇴생인 마크 주커버그가 있다. 그가 설립한 소셜네트워크 서비스인 페이스북은 단시간 내에 비약적으로 확장되었고, 놀라운 창업 스토리는 할리우드 영화로 만들어지기도 했다. 이들의 공통점은 무형의 자산인 창의력만 가지고 1만 명 혹은 10만 명도 거뜬히 먹여 살린다는 것이다.

세계적으로 유명세를 떨치는 이들의 이야기가 당신과 동떨어진 일처럼 느껴질지 모르겠다. 그렇다면 당신에게 창의력이 필요한 이유에 대해 생각해보자. 사람들마다 각자 이유는 다를 것이다. 나에게 창의력이 필요한 이유는 '행복하게 살기 위해서'이다.

지루한 일상에서 탈출하라

노년에 자신의 생을 뒤돌아본 수많은 위인들은 자신이 행복했던 순간들을 합쳐보아도 채 하루가 되지 못한다고 말했다. 그렇게 본다면 버트런드 러셀이 그의 저서 《행복의 정복》에서 말했던 것처럼 행복은 노력해서 쟁취해야 하는 대상일지 모르겠다. 러셀은 사람들이 바람직한 방향으로 노력하기만 하면 충분히 행복해질 수 있고, 권태에서 벗어날 수 있다고 하였다. 그러면서 자신의 체험에서 얻은 '행복을 정복할 수 있는 방법'을 소개하였다.

행복에 이르는 길은 다양하다. 나는 창의력이 있으면 일상에서 되풀

이되는 지루함과 반복, 권태감에서 벗어날 수 있고 행복할 수 있다는 믿음을 가지고 있다. 그것도 단순하게 행복한 것이 아니라 삶을 질적으로 향상시키면서 행복을 극대화시킬 수 있다고 믿는다.

뇌는 무언가를 계속해서 반복하면 불만족스럽게 느낀다. 만일 우리가 100세까지 살 수 있다고 해도 삶이 내내 지루하다면, 그것은 죽어 있는 것과 별반 차이가 없다. 미래학자들은 앞으로의 시대에서는 130~150세까지 살게 된다고 말한다. 정말로 그렇게 기나긴 인생을 살게 된다면 죽는 날까지 재미있고 행복하게 살 수 있는 창의력이 필요하다.

창의적인 업적에 대해 연구한 미하이 칙센트미하이는 그의 유명한 저서 《몰입flow》에서 창의적인 삶을 사는 것이 왜 중요한지에 대해 다음과 같이 말하고 있다.

"개인 수준의 창의력personal creativity에서 문화 수준의 창의력cultural creativity으로 향상되려면 재능과 훈련 외에도 엄청난 운이 필요하다. 개인 수준의 창의력이 명성이나 부를 가져오지는 못할지라도, 개인의 입장에서 볼 때 훨씬 더 의미 있는 삶을 만들어준다는 것이다. 즉 창의력은 우리의 하루하루를 더 활기차고 즐겁고 보람차게 해준다. 우리가 창의적으로 살 수 있다면, 권태는 사라지고 매 순간 신선한 발견을 하리라는 희망이 가득하게 된다. 이러한 발견이 개인의 삶을 넘어 세상을 풍요롭게 만들든 못하든 상관없이, 창의적으로 산다는 것은 우리를 발전의 과정으로 인도한다."

새로운 것을 찾는 것은 인간의 본능이다

인류는 왜 그전과 다른 새로운 것을 창조하는 데 열심일까? 그 이유를 복잡하게 생각하면 한없이 복잡하게 설명해야 한다. 여기서는 단순히 '인간의 본능'과 연관지어 생각해보자. 우리 인간은 새로움을 추구하려는 본능을 가지고 있다. 예컨대, 집 근처에 새로운 식당이 문을 열었다고 치자. 처음엔 사람들이 호기심을 가지고 몇 번 방문을 한다. 하지만 시간이 지나면 발길이 뜸해진다. 물론 음식 맛이 기가 막혀서 시간이 흘러도 손님이 끊이지 않는 식당도 있다. 하지만 대부분은 그렇지 않다. 음식이든 첨단기기든 예술작품이든 생활용품이든 우리 대중은 이전에 없던, 그 어떤 새롭고 혁신적인 것에 열광하는 경향이 있다. 우리는 그전보다 더 독창적인 것을 원하고, 밋밋하고 지루한 것을 끔찍하게 싫어한다.

그렇기 때문에 기업에서는 보다 새로운 제품을, 보다 혁신적인 제품을 만들어내려고 안간힘을 쓴다. 기업뿐만 아니라 개인도 마찬가지다. 소설가, 시인, 패션 디자이너, 작곡가와 같이 창조적인 일을 하는 사람들을 생각해보자. 아마도 그들은 창의적인 결과물을 만들어내기 위해 하루 24시간, 365일을 이 세상 어디에서도 듣지도, 보지도 못한 획기적인 것을 '탄생'시키기 위해 고통의 나날을 보내고 있을 것이다. 사실 세상을 깜짝 놀라키는 창작물을 만드는 사람들을 거론할 것도 없다.

우리 같은 평범한 사람들을 생각해보자. 순수 창작물도 아니고 어떤 것을 '아주 조금만' 다르게 만들어보라는 주문에도 긴장하고 식은땀을 흘리지 않는가! 창조의 고통을 '산고'로 표현하는 데는 다 그만한 이유가 있는 것이다.

실존적 공허는 대개 권태를 느끼는 상태에서 나타난다. 안톤 체호프의 단편소설 〈공포〉를 보면 진부함이 얼마나 무서운 것인지 감각적으로 느낄 수 있다.

"정확히 뭐가 무서운 겁니까?"

내가 물었다.

"모든 것이 무서워요. 나는 천성이 심오한 인간이 못 되는지라 저승 세계나 인류의 운명이니 하는 문제에는 별로 흥미가 없어요. 뜬구름 잡는 일에는 도무지 소질이 없다는 얘깁니다. 내가 가장 무서워하는 것은 진부함이에요. 내 행동 중에서 무엇이 진실이고 무엇이 거짓인지 가려낼 능력이 없다는 사실은 나를 전율하게 만들어요. 생활환경과 교육이 나를 견고한 거짓의 울타리 안에 가두어놓았다는 걸 나는 압니다. ……내 생각에 우리는 아는 것이 거의 없어요. 그렇기 때문에 매일 실수를 하고 옳지 못한 짓을 하며 서로 비방하고 남의 일에 끼어드는 겁니다. 사는 데 방해만 되는 불필요하고 시시한 짓거리들에 우리는 자신의 힘을 소진합니다. 이것이 무섭습니다. 왜냐하면 이 모든 일이 무엇을 위해서, 누구를 위해서 필요한 것인지 나는 이해할 수 없으니까요."

　불확실한 시대일수록 사람들의 변덕은 심해진다. 아마도 이것이 우리 사회의 트렌트가 시시각각 바뀌는 이유일 것이다. 바로 이런 때 필요한 근본적인 처방약이 바로 창의력이다.

전쟁과 창의력은 영원한 동반자

창의력과는 거리가 먼 것 같은 군사학교나 군대에서 창의력 교육과
훈련을 실시한다는 것을 알고 있는가? 특히 미 육사나 이스라엘 군대
의 군인 양성기관과 군대에서는 창의력 교육을 중시한다. 미 육사는
최근 미국의 경제전문지 〈포브스〉가 발표한 '2009년 미국 최고 대학'
에서 1위를 차지하기도 했다. 군 장교를 양성하는 미 육사의 모든 교
육과정은 '컴뱃 서바이벌Combat survival'과 같은 임시 전투 상황에서 진행
한다. 이 교육에서 가장 강조하는 것은 생도들의 창의력 향상이다. 그
어느 곳보다 창의력이 필요한 곳이 군대, 특히 전투 상황이라고 보기
때문에 창의력 교육과 훈련을 강조하는 것이다.

전쟁과 창의력은 사실 매우 오래전부터 밀접하게 관련되어 있었다. 일각에서는 제1차 세계대전과 제2차 세계대전 그리고 우리나라의 6·25전쟁이 창의력 연구의 시대를 본격적으로 열었다고 전한다. 그것은 전쟁의 사전적 정의만 보더라도 알 수 있다. 전쟁은 사전에서 '둘 이상의 서로 대립하는 국가 또는 이에 준하는 집단 간에 군사력을 비롯한 각종 수단을 써서 상대의 의지를 강제하려고 하는 행위 또는 그 상태'라고 풀이되어 있다. 여기에서 '각종 수단'은 지휘관의 창의력이나 무기 개발과정에서의 창의력을 지칭하기도 한다.

발명품은 전쟁에서 이기기 위한 것

극심한 경쟁이나 혼란을 흔히 '전쟁 상황'이라고 말한다. 그리고 어떤 문제에 대한 아주 적극적인 대응을 비유적으로 '전쟁'이라고 표현하기도 한다. 입시전쟁, 문화전쟁, 교통전쟁, 환율전쟁, 문명전쟁, 문화전쟁, 김치전쟁, 무역전쟁, 복지전쟁, 자원전쟁, 범죄전쟁 등이 바로 그런 예다. 그런 점에서 보면 오늘을 사는 우리의 삶이 바로 전쟁일지 모르겠다. 이러한 전쟁을 통해서 사람들은 더욱 더 창의적이 되고, 삶은 더 나은 방향으로 나아간다.

어찌 보면 우리의 삶 자체가 전쟁과 다르지 않다. 지구상에 처음 출현한 이후부터 인류는 살아남기 위한 전쟁을 치러왔다.

나 역시도 인간은 전쟁과 맞닥뜨렸을 때 무궁무진한 창의력을 발휘한다고 생각한다. 제2차 세계대전 때 미국 정부는 창의력을 연구하는 학자와 연구원들을 고용하였다. 그리고 전쟁이 끝나던 1940년대 당시 신생기업이었던 휴렛 팩커드HP가 그 인재들을 고용했다. HP는 고용한 인재들에게 당장 맡길 만한 일이 없었는데, 그들이 할 일을 찾도록 내버려뒀다고 한다. 무리수를 두고 채용한 그 인재들 덕분에 HP는 1950년대와 1960년대에 핵심 제품을 쏟아낼 수 있었다.

전쟁 기간에 개발된 발명품들은 헤아릴 수 없이 많다. 1944년 태평양 전쟁 때 개발된 수륙양용차, 야시경, 레이더, 전자레인지, 열상장비, M&M 초콜릿 등은 지금까지도 널리 사용되고 있다. 대도시에 사는 사람은 하루 평균 30번씩은 찍힌다는 CCTV도 제2차 세계대전 때 발명되었다. CCTV는 제2차 세계대전 중이던 1942년에 독일에서 처음 등장하였다. CCTV는 V2 로켓 시험발사 과정을 중계하기 위해 개발되었다가 군사용으로 활용되었고, 민간에서는 은행에서 처음 사용되었다. 이처럼 전쟁 때 개발된 발명품들은 주로 군사용으로 활용되다가 전후에 민간에서 다양한 용도로 활용되었다.

그 외에도 전쟁 상황에서 필요한 여러 가지 생필품들이 만들어졌다. 통조림이 대표적인 경우이다. 또한 제1차 세계대전 중에 개발된 이스트, 합성세제, 방독면, 트렌치코트, 생리대 등도 우리의 일상을 편리하게 바꿔주었다. 이처럼 전쟁 때는 적군을 이기기 위해 온갖 창의력을 총동원해야 하기 때문에 그전에 없었던 완전히 새로운 물건들이 탄생하는 것이다.

창의력은 전쟁 같은 삶에서 살아남을 수 있는 강력한 무기가 된다

창의력검사 프로그램을 개발한 폴 토란스 박사의 경우에도 만약 전쟁이 없었다면 그의 50년 인생을 창의력 연구에 바치지는 못했을 것이다. 6·25 전쟁이 발발하기 직전에 미 공군에서는 심리학 박사인 토란스를 고용하였다. 토란스의 임무는 조종사들과 승무원들이 극심한 추위나 혹독한 더위, 먹을 것도, 마실 것도 없는 극한의 상황과, 깊은 산속이나 적진 후방에 고립되었을 때의 상황에서 생존에 필요한 훈련 프로그램을 개발하는 것이었다. 이러한 프로그램 개발이 시급했던 이유는 전투 조종사들이 북한군의 포로가 될 경우에 겪게 될 비참한 상황에 대비해야 했기 때문이었다.

토란스는 완벽한 준비를 위해 기존의 자료들을 검토하고 제2차 세계대전 때 혹독한 상황을 이겨내고 생존한 수백 명의 공군 요원들을 인터뷰했다. 그 결과 어느 누구도 예상하지 못했던 사실을 발견해냈다. 그들의 생존에 결정적인 역할을 했던 것이 바로 '창의력'이라는 사실이다. 제2차 세계대전에서 생존했던 그들은 자기 앞에 직면한 문제를 해결하기 위해 호시탐탐 기회를 노리면서 적군의 손아귀에서 탈출할 방법을 창의적으로 강구했던 것으로 밝혀졌다. 생존할 수 있었던 이유가 창의력에 있음을 발견한 토란스는 이에 큰 매력을 느꼈고, 그 후 50년 동안을 창의력 연구에 몰두하여 탁월한 연구 업적을 남겼다.

인간은 이 세상에 태어나는 순간부터 희로애락을 겪으면서 경쟁의 틀 안에서 살아간다. 타인과의 전쟁이든, 자신과의 전쟁이든 우리의 삶은 전쟁으로 시작해서 전쟁으로 끝이 난다고 해도 과언이 아니다. 잠자고 있는 자기 안의 창의력을 도저히 깨울 수 없는 사람이라면 매일매일이 전쟁 상황이라고 생각하면 어떨까? 자신을 극한 상황으로 몰고 가다 보면 아무리 깊은 잠에 빠진 창의력이라도 기지개를 켜게 되지 않을까?

창의력은 인생에
천운을 불러들인다

운이 좋다 나쁘다는 것은 뒤에 가서 하는 말이다.
행복한 사람은 막대기를 심어도 레몬나무로 자란다.
_ 키케로

하루 종일 신명 나고 즐겁게 일할 수 있는 환경에서 창의적인 일을 하는 사람은 분명 행복한 사람일 것이다. 그러나 모든 사람이 그런 사람이 될 수는 없다. 우리 중에 아주 운이 좋은 사람들만 가능한 일이다. 태어날 때부터 뼛속에 새겨져 있는 유전자 코드의 '재능'을 발견하고, 그 재능을 후천적으로 갈고 닦은 사람만이 가능한 일이다. 나는 그런 사람을 '천운'을 타고났다고 말한다.

천운을 타고난 사람도 있지만, 개중에는 천운을 잘 다스린 사람도 있다. 당신은 이 중에서 어느 쪽에 속하는가? 천운이라는 단어가 너무 부담스럽다면 그냥 '운 좋은 사람'으로 바꿔서 생각해보자. 당신은 운이 좋은 사람인가, 아닌가?

사람들 대부분이 운을 타고나는 것이라고 생각한다. 그런데 운은 일방적으로 찾아오는 것이 아니다. 운도 노력을 기울여야 내게 찾아온다. 운이 찾아오게 하려면, 그리고 찾아온 운을 놓치지 않으려면 창의력이 필요하다.

빌 게이츠와 스티브 잡스, 제임스 카메론의 공통점에 대해 생각해보자. 이들은 모두 대학을 중퇴하였고, 지구촌에서 창의력의 대가로 손꼽히는 인물들이다. 이들이 만약 제도권 교육을 끝까지 이수했어도 창의적인 산출물들을 만들 수 있었을까?

찾아온 운을 놓치지 마라

당신이 지금까지 받아왔던 교육과정을 모두 떠올려보자. 지금의 당신을 만들어준 교육과정, 이를테면 가정교육, 학교교육, 직장교육, 사회교육을 모두 떠올리면 된다. 그것들이 당신을 창의적으로 성장시켰다고 생각하는가? 아니면 오히려 그 반대라고 보는가? 빌 게이츠처럼 열심히 책을 읽고, 이건희처럼 영화에 탐닉했다고 해서 모두가 창의적인 사람이 되는 것은 아니다. 그들에게는 운이 뒤따랐고, 그 운을 자기 것으로 만들었다. 미국의 스탠퍼드 대학의 존 크럼볼츠 교수가 1,000

명의 성공한 기업인을 대상으로 성공요인을 조사하였다. 그 결과 놀랍게도 자신들의 성공요인이 '운'이라고 대답한 사람이 75퍼센트였다.

결론은 이미 나온 셈이다. 자, 당신에게 운이 찾아오게 하려면 어떻게 해야 할까? 가장 먼저 할 일은 자신을 방치해서는 안 된다는 것이다. 스스로 자신을 관찰하고, 관리하고, 행복하게 만들어서 잠재된 창의력을 끄집어내야 한다. 그러면 당신 자신은 물론이고 타인의 삶까지 행복하게 만들 수 있다. 시 한 편으로, 소설 한 편으로, 한 점의 예술작품으로 많은 사람들을 행복하게 할 수 있고, 나아가 전 인류에 큰 기여를 할 수도 있다.

당신이 처해 있는 불행한 환경을 탓하지 말고 열악한 환경을 딛고 위기 상황을 극복할 수 있는 창의력을 발휘해보자. 제대로 교육을 받지 못해서, 머리가 나빠서, 부모의 지원이 부족해서, 하는 일마다 실패하기 때문에 등등. 당신이 가지고 있는 귀한 능력을 운으로 연결시키지 못하고 불평만 쏟아낸다면 계속 불운만 찾아오게 된다.

천운을 타고난 사람들은 열악한 환경을 긍정적으로 만드는 창의력과 위대한 힘을 가진 사람들이다. 세계 역사에서 가장 넓은 대륙을 점유했던 몽골제국의 창업자인 칭기즈칸은 열세 살에 부모를 잃은 고아였다. 그는 무한한 창의력으로 불우한 어린 시절을 극복해냈고 몽골제국을 건설하였다. 모진 불행과 난관 속에서도 낙관적인 생각으로 역경을 헤쳐나갔다. 그의 열정과 창의력은 몽골제국을 건설할 수 있는 천운을 안겨주었고, 천수를 누리고 영광이 최고 수준에 올랐을 때 세상을 떠날 수 있게 해줬다.

개방적인 자세가 운을 부른다

운이 좋다고 말하는 사람들을 보면 새로운 경험을 즐기고, 끊임없이 도전하고, 사람들 간의 네트워크를 중요하게 여기고, 불행한 일에 연연하지 않으며, 불운이 이어지지 않도록 미리미리 대비하는 특징이 있다. 그것은 창의력이 뛰어난 사람들의 특성과 비슷하다. 새로운 경험을 두려워하지 않고, 모험심과 호기심을 발휘하고, 도전심이 강해서 실패에 좌절하지 않고 끊임없이 도전하며, 불행에 좌절하지 않고 좋은 일이 일어나도록 노력하는 것이 창의적인 사람들의 특징이다.

무엇보다 천운을 불러오려면 창의력 요소 중에 하나인 '개방성'이 뛰어나야 한다. 개방성이란 다양한 사회와 문화, 개인차, 경험에 대한 관용의 자세를 갖는 것을 말한다. 세계는 점점 더 복잡다양해지고 있고, 사회와 문화는 그 어느 때보다 다양한 형태를 띠고 있다. 개인이 추구하는 라이프스타일도 변화무쌍해지고 있어, 자신과 다른 형태의 다양한 사회와 개인에 대해서 너그럽게 수용하는 자세가 절실하다. 이와 같은 다양성을 이해하고 포용하는 자세가 없다면 지구촌은 갈등과 전쟁으로 점철될 것이다. 개성을 존중하고 개인차를 인정해주는 관용 문화와 창의성은 떼어놓을 수 없는 관계에 있다.

개방적인 사람의 특징은 다음과 같다.

- 새로운 경험에 대해 개방적이다
- 타인의 아이디어를 수용한다.
- 새로운 것을 잘 받아들인다.
- 다른 사람을 잘 의식하지 않는다.
- 유머감각이 있다.
- 지루한 것을 참지 못한다.
- 솔직한 성격을 갖고 있다.
- 틀에 박힌 대로 하는 것을 싫어한다.
- 새로운 장소에 가는 것을 좋아한다.
- 새롭고 낯선 음식을 맛보기를 좋아한다.
- 새로운 놀이를 좋아한다.
- 변화를 잘 받아들인다.

개방적인 자세는 천운을 불러들이는 첫걸음이 된다. 바꿔 말하면 당신도 조금만 노력하면 오늘부터 '천운을 타고난 사람'이 될 수 있다는 말이다.

새로운 것이
완전히 새로운 것은 아니다

나는 특별한 재능을 갖고 있지 않다.
오직 열정으로 가득한 호기심을 갖고 있을 뿐이다.
_ 아인슈타인

창의력의 개념에 대해 진지하게 논의하려면 책 한 권 분량으로도 부족하다. 다양한 곳에서 여러 가지 의미로 사용될 뿐만 아니라 일정한 개념이 딱히 없어서 어떤 것이 창의력이라고 정의하는 게 쉽지 않기 때문이다. 그러므로 창의력이 무엇이냐는 개념을 찾으려는 헛수고 대신 당신이 생각하는 창의력이 어떤 것인가를 먼저 생각해보자.

30여 년 동안 나는 '창의'에 관한 정의와 개념을 수없이 많이 접해왔다. 내가 지금까지 접했던 설명 중에서 가장 마음에 와 닿았던 것은 《죽음의 수용소에서》를 쓴 빅터 프랭클의 것이었다. 그는 '삶의 의미'를 세 가지 방식으로 찾을 수 있다고 설명하면서 그 첫 번째를 '무엇인가를 창조하거나 어떤 일을 함으로써'라고 말했다.

창의력은 한때 유행처럼 활용하다가 버리는 일회적인 능력이 아니다. 창의력은 우리가 삶을 사는 동안 존재감을 느끼고 행복감을 느끼기 위해 죽을 때까지 끊임없이 필요로 하는 귀한 보물이다.

창의력이라 하면 보통 예술적 창의력과 같은 맥락에서 생각하는 사람들이 많다. 그러나 창의력이라는 개념이 예술과 결합된 지는 얼마 되지 않았다. 창의력이라는 용어 자체가 사실 거의 1,000년 동안 철학, 신학, 유럽 예술에 존재하지 않았다. 게다가 그리스인들은 그런 용어 자체도 갖고 있지 않았다. '만들다'라는 표현으로 충분했기 때문이다.

하늘 아래 그 어느 것도
새로운 것은 없다

창의력이란 '만들다'라는 뜻의 라틴어 단어 '크레아레^{creare}'에서 비롯된 단어이다. 아주 옛날에 창의력이란 말은 그 무엇인가를 만드는 것이었던 셈이다. 그 후 1,000년 동안은 창조자라는 용어를 사용했는데, 그것도 주로 신학에서 '신(神)'과 동의어로 사용하였다. 19세기가 되어서야 비로소 창조성이라는 용어가 예술의 언어 속으로 들어왔다. 20세기에는 창조자라는 표현이 문화 전체에 적용되기 시작했고, 여러 학문에서 창의력, 창의적 정치가들, 새로운 기술문명의 창조자 등에 관한 언급이 시작되었다. 다시 말하면 19세기에는 예술 분야에서만 창의력을 인정하였고, 20세기에는 예술작품뿐만 아니라 학문 및 다양한 기술 분야에까지 창의력이라는 개념이 확장된 것이다. 이러한 개념의 확장으로 현대에는 예술가들뿐만 아니라 과학자를 비롯한 여러 학자 및 기술자들에게도 적용되는 모든 종류의 인간적 행위와 진기한 제작과정이 창의적인 활동에 포함되었다. 21세기에 들어서는 이러한 현상이 더욱 두드러져서 창의력 개념이 보다 넓게 사용되고 있고, 모든 인간의 작업에서 꼭 필요한 요소가 되었다.

창의력은 어느 날 갑자기 하늘에서 뚝 떨어지는 능력이 아니다. 다시 말해서 창의력이란 이전에 존재하지 않았던 새로운 것을 창조하는 과정이 아닌, 과거의 익숙한 생각들을 새로운 형태나 용도로 재정리하는 것이다. '하늘 아래 그 어느 것도 새로운 것은 없다'는 말이 있듯이 자신의 생각은 과거 누군가의 생각에서 비롯된 것이다. 2,000～3,000년 전에 소크라테스, 플라톤, 아리스토텔레스 시절에 만들어진 것을 재정리하거나 재조합하면서 과거에 없었던 새로운 관계를 지어보는 것이 바로 창의적인 산출물인 것이다. 그러므로 창의력이란 새로운 조합이나 응용, 결합을 의미한다. 학자가 논문을 쓰는 것도 알고 보면 과거에 누군가 연구했던 수많은 변인들 중에서 그 누구도 관계를 맺어본 적이 없었던 새로운 변인과 변인의 관계를 찾아내는 과정이다. 특히 요즘 같은 인터넷 시대에는 지식을 자유자재로 검색하고, 그 많은 정보 중에서 자기에게 필요한 내용을 선택하여 창의적으로 편집하는 능력이 중요해졌다.

만일 당신이 자신의 분야에서 스티브 잡스나 빌 게이츠처럼, 아직은 이 세상에 단 한 번도 선보이지 않았던 획기적인 것을 선보일 수 없다면 이미 있는 것을 새롭게 조합, 응용, 결합하여 창의적인 무언가를 탄생시켜보는 건 어떨까? 그것만으로도 큰 수확을 거두게 될 것이다.

조금만 더 새롭게 창조하라

신발이나 양말을 디자인하는 사람이라면 그전까지 결합하지 않았던 그 어떤 것과 새로운 조합을 해볼 수 있고, 새로운 메뉴를 개발해야 하는 요리사라면 그전에 있었던 음식들을 새로운 방식으로 결합해서 특별한 맛을 만들어낼 수 있다.

디자이너인 마르탱 마르지엘라는 "이 세상에 완전히 새로운 것은 없으며 단지 기존의 요소들을 조합한 후 컬렉션이나 디자이너스 레이블을 통해 좀 더 창조적으로 표현해내는 것이 패션"이라고 말했다. 이미 역사 속에 존재하는 것들을 조금씩 차용해 조금 색다르게 표현하는 것이 오히려 '창조적인 디자인'일 수 있는 것처럼 창의력이란 조금만 다르게 변화를 주는 것을 의미하기도 한다.

　창의적인 사람이란 연금술사와도 같다. 서로 다른 두 가지를 남들이 생각하지 못한 방식으로 결합하는 능력이 있기 때문이다. 뉴턴은 자신의 이론이 다른 사람들의 아이디어들을 빌려 조합한 것이라며 "나는 거인들의 어깨 위에 서 있을 뿐이오"라고 말한 바 있다.

　이처럼 창의력을 정의하는 것은 아직까지도 매우 혼란스럽고 복잡한 일이다. 그래서 그 개념이 아직은 가설적인 개념으로 받아들여지고 있는 것인지도 모른다. 50년, 100년 정도 더 연구가 진행되면 그때는 좀 더 구체적으로 개념화될 수도 있을 것이다. 현재로서 창의력이란 '새로움'으로 특징지어질 수 있고, 그것이 얼마나 새로운 것인지는 개인적, 사회적 맥락 안에서 그 정도를 가늠할 뿐이다.

　창의력이란 당신이 생각하는 것처럼 그렇게 거창하고 대단한 것이 아니다. 나는 창의력을 "자신과 타인의 행복을 위해 사회와 문화에서 가치를 부여할 수 있는 아이디어를 만들어내는 것"이라고 정의하려고 한다. 자신과 타인의 행복을 키우기 위해 창의력을 발휘하다 보면 행복지수가 늘어나는데, 바로 이것이 창의력의 진정한 의미라고 보는 것이다. 가령, 사람들에게 맛있는 음식점을 알려주는 맛집 정보 관련 앱이 개발되었다고 하자. 음식에 대한 정보를 제공하는 사람들은 많았지만 스마트폰으로 제공하는 사람은 그때까지 없었다. 앱을 통해서 신속하게 맛집 정보를 제공하겠다고 마음 먹은 개발자는 무척이나 신나고 즐거웠을 것이다. 그리고 새롭게 탄생한 앱을 사용하는 사람들의 즐거움은 그보다 더할 것이다. 이처럼 혁신적인 발명이 아닌 아주 작은 새로움만으로도 사회와 문화에 가치를 부여할 수 있는 매개체가 바로 창의력인 것이다.

제대로 된 브레인스토밍으로
회의를 하라

___ 칼 루드비히 클레이

창의성 기법은 300가지 이상 되는데, 내가 30년 가까이 창의력 훈련을 하면서 느꼈던 것은 '기본에 충실하면 모든 것은 통한다'는 사실이다. 창의성 기법의 시작은 브레인스토밍이고, 그 끝은 강제결합법이다. 창의적인 성취를 한 사람들을 관찰해보면 그들은 브레인스토밍과 강제결합의 핵심을 잘 알고 있다는 것을 알 수 있다.

새로운 아이디어를 얻기 위해 '집단 창의력'을 발휘하는 방법이 브레인스토밍이다. 혼자서 아이디어를 내기 어려울 때는 브레인스토밍을 시도해보는 것이 좋다. 브레인스토밍을 통해 좋은 결과를 도출하기 위해서는 4가지 기본 원칙—가능한 한 많은 아이디어를 생각해내라, 비판하지 마라, 엉뚱한 아이디어라도 좋다, 서로 다른 아이디어를 결합하라 — 을 잘 실천하라고 하지만, 규칙을 지키기가 그리 쉽지는 않다.

얼핏 보면 브레인스토밍이 만병통치약 같지만, 자칫 잘못하면 비효율적이고 지루한 회의가 될 위험도 크다. 그래서 실리콘밸리에 있는 세계 최고의 디자인 기업 아이데오[IDEO]는 브레인스토밍의 허점을 보완하기 위해 '아이디어 브레인스토밍 회의 7원칙'을 제안했다.

1. 초점을 명확히 한다. 고객의 서비스나 요구에 집중해 문제를 명확하게 제시한다.

2. 규칙을 만든다. 예컨대 '양을 추구하라', '엉뚱한 아이디어를 격려하라', '시각화하라', '판단을 뒤로 미루어라', '아이디어는 한 번에 한 가지씩만 말하라' 등이다

3. 아이디어에 번호를 매긴다. 회의가 원점으로 돌아가면 시간을 절약할 수 있다.

4. 아이디어 창출이 정체될 때에는 사회자가 다른 이슈로 건너뛸 것을 제안한다.

5. 아이디어를 기록하는 사람을 지정한다.

6. 워밍업 시간을 갖는다. 티타임도 좋고 산책도 좋다.

7. 온몸을 활용해서 스케치하거나 모델을 만든다.

그들은 이와 같이 매우 적극적이고 현실적인 방법으로 브레인스토밍을 한다. 이러한 7가지 규칙 외에도 브레인스토밍 시간을 한 시간을 넘기지 않도록 하고, 절대 'No'라는 말은 'No'이며, 마지막에는 짧은 시간 동안 집중적인 브레인스토밍을 함으로써 가능성이 낮은 아이디어를 솎아내고 결과물에 집중한다.

제대로 된 브레인스토밍을 배워라

사람들 대부분이 브레인스토밍이 뭔지는 안다. 그런데 브레인스토밍을 제대로 활용하는 사람은 그리 많지 않다. 가령 한 시간 이상 브레인스토밍을 한다면, 자유롭게 아이디어를 표현할 수 없는 분위기라면, 상사의 눈치를 봐야 한다면 그것은 브레인스토밍이라고 할 수 없다. 왜냐하면 회의시간이 아이디어를 창출하는 시간이 아니라 오히려 아이디어를 죽이는 시간이 될 가능성이 크기 때문이다. 당신이 창의적인 기법에 진정 관심을 가지고 있다면 브레인스토밍을 정복해보자.

브레인스토밍은 '두뇌'라는 뜻의 '브레인'과 '폭풍'이라는 뜻의 '스토밍'이 결합된 단어로 '두뇌 폭풍brainstorming'을 의미한다. 빠른 시간에 많은 아이디어를 내는 것에 중점을 둔 아이디어 발상법으로, 특정한 문제나 주제에 대해 두뇌에서 마치 폭풍이 몰아치듯이 생각나는 아이디어를 모두 내놓는 기술이다. 브레인스토밍은 1941년 BBDO^{Batten} ^{Barton Durstine and Osborn} 광고회사의 부사장으로 있던 알렉스 오스본이 개발하였다. 처음에는 광고회사와 같이 창의적인 아이디어를 양산해야 하는 곳에서 '조직적인 아이디어 창출기법'으로 사용되다가 이후 산업계와 교육계에서도 널리 사용되었다. 요즘에는 직장에서 아이디어 회의를 할 때 흔히들 사용한다.

브레인스토밍을 할 때에는 기억해야 할 4가지 기본 규칙이 있다.

첫째, 내놓은 아이디어를 비난하거나 평가해서는 안 된다. 아이디어를 저해하는 비판이나 평가 또는 판단을 마지막까지 피해야 한다는 말인데, 제일 중요한 규칙임에도 불구하고 우리나라 사람들이 가장 어려워하는 규칙이기도 하다.

둘째, 아무리 우스꽝스러운 아이디어라도 수용해야 한다. 창의적인 사고는 자신과 타인의 눈치를 보지 않는 자유로운 분위기에서 일어난다. 약간은 엉뚱하거나 유머러스한 아이디어라도 적극 수용해야 한다는 말이다.

셋째, 아이디어는 많을수록 좋다. 질 높은 아이디어보다는 많은 양의 아이디어가 더 중요하다는 말인데, 그것은 많은 양의 아이디어 속에서 수준 높은 아이디어가 나올 수 있다고 보기 때문이다. 따라서 중간에 어떤 평가도 내리지 않고, 주어진 시간 안에 생각할 수 있는 아이디어를 모두 떠올려보는 것이 중요하다.

넷째, 이미 나온 아이디어로부터 다른 아이디어를 이끌어낼 수 있도록 한다. 이 규칙은 남의 아이디어에 편승한다는 의미로 '히치하이크'나 '무임승차'라고 불리기도 한다. 타인의 아이디어에 착안하여 자신의 아이디어를 생각해내거나, 두 개 이상의 아이디어를 결합하여 제3의 아이디어를 내놓는 것을 의미한다. 따라서 브레인스토밍을 잘하기 위해서는 잘 듣는 능력도 필요하다. 그냥 듣는 것이 아니라 말 그대로 '경청'을 해야 한다는 뜻이다. 타인의 말에 귀를 기울이려면 마음의 여유가 있어야 하고, 남을 배려할 줄 알아야 하며, 집중할 수 있어야 한다.

이 4가지 규칙을 적용할 때는 한 번에 한 가지 규칙을 익히는 것이 좋다. 그러니 욕심을 내서 한꺼번에 익히려 하지 말고 차분하게 하나씩 익히도록 하자.

창의성 기법, 알고 보면 쉽다

브레인스토밍에 익숙해진 다음에는 이를 변형한 다양한 형태의 창의성 기법과도 친해져보자. 어느 정도 궤도에 오르면 색다른 용도법, 스캠퍼, 희망열거법, 결점열거법, 강제결합법에도 도전해보자.

색다른 용도법이란 원래 용도 외에 다른 용도로 사용할 수 있는 방법을 찾아보게 하는 것이다. 특히 이 방법은 아이들의 창의력을 키우는 데 탁월한 효과가 있다. 얼핏 보면 단순한 놀이 같기도 한데, 생활 속에서 창의력을 키워줄 수 있는 간단하지만 최고의 방법이다.

스캠퍼SCAMPER는 특정 대상이나 특정 문제에서 출발해서 그것을 변형시키는 방법으로, 아이디어와 상상력을 동원하도록 도와주는 체크리스트이다. 이 기법은 용도를 개발하거나, 품질을 개선하거나, 실용성을 증진하는 등의 아이디어 계발에 유용하다. '스캠퍼'의 의미는 아주 간단하다. 크게 하거나, 작게 하거나, 대신하거나, 제거하거나, 반대로 하거나, 수정해보는 것을 뜻한다.

마트에 가서 관찰해보면 많은 상품들이 스캠퍼 활동을 통해 탄생한 것을 알 수 있다. 미니 크래커, 미니 초콜릿, 대형 사탕, 대형 과자와 같은 다양한 상품들이 바로 스캠퍼를 이용한 제품이라고 할 수 있다. 스캠퍼 활동을 하기 위해서는 실제로 근처에 있는 백화점이나 슈퍼마켓에 방문해보는 게 좋다.

다음으로, 희망열거법이란 원하고 바라는 희망들을 찾아보는 것으로, 사물이나 상황에 대해 좀 더 바람직한 눈으로 보라보면서 희망사항을 나열해 아이디어를 이끌어내는 기법이다. '이런 가방이 있으면 좋겠다', '이런 회사가 있으면 좋겠다', '이런 음식이 있으면 좋겠다'와 같이 희망하는 사물이나 상황으로 훈련을 하다 보면 재미도 쏠쏠하다.

결점열거법은 미국의 제너럴 일렉트릭 사의 자회사인 호르포인트

사에서 나온 발상법으로, 토론자들이 모여 제품의 아주 작은 흠이라도 모조리 열거하면서 가능한 한 많은 단점을 찾아내는 데서 시작되었다. 결점 자체를 찾는 것이 창의성이라고 말할 수는 없지만, 이렇게 결점들을 떠올리다 보면 이를 보완하기 위한 다양한 해결책을 생각해내면서 새로운 아이디어를 찾아낼 수 있게 된다.

강제결합법은 영어로 'forced relationships'이다. 이 기법은 말 그대로 '아주 강제로, 억지로, 조금 무리수를 두어서 결합을 맺어보는' 기법이다. 유사한 것끼리는 결합이 잘 되지만, 유사성이 거의 없을 때에는 두 가지 또는 그 이상의 물건이나 생각을 조합하기가 녹록지 않다. 이처럼 문제를 창의적으로 해결하기 위해 전혀 관계가 없어 보이는 아이디어나 물건을 강제로 연관시키는 훈련법이 강제결합법이다. 이 방법은 브레인스토밍과 색다른 용도법을 잘 익힌 다음에 시작해야 한다. 그렇지 않으면 아이디어가 잘 나오지 않아 포기하기 십상이다.

개인적으로 나는 다양한 창의성 기법 중에서 강제결합법을 가장 선호한다. 그 이유는 강제로 결합하려는 과정에서 진정으로 창의적인 상상력이 발동된다고 보기 때문이다. '쇼생크의 탈출', '미저리', '그린 마일'의 원작자인 스티븐 킹의 화두는 강제결합법이었다. 그는 또한 자유롭게 연상을 할 수 있는 '연상의 귀재', '강제결합의 귀재'였다. 그는 이렇게 말했다.

"이 세상에 아이디어 창고나 소설의 보고는 없다. 소설의 아이디어는 그야말로 허공에서 느닷없이 나타나 소설가를 찾아오는 듯하다. 전에는 아무 상관이 없던 두 가지 일이 합쳐지면서 전혀 새로운 무엇인가를 만들어내는 것이다."

재미와 상상력을 두 배로 키우는 강제결합법

다음 내용은 '영화'와 '지우개'라는 두 단어를 강제결합해서 창의적인 문장을 만든 문구들이다. 이 중에서 가장 창의적인 문장이라고 생각하는 것을 골라보자. 그리고 당신만의 강제결합 문장도 만들어보자.

- 영화를 보다가 가방 속에 있던 지우개를 과자인 줄 알고 한입 베어 물었다가 깜짝 놀랐다.
- 영화를 보고 비평문을 쓰다가 글씨가 틀려서 지우개로 지웠다.
- 영화를 보고 나오다가 기념품으로 지우개를 받았다.
- 지우개 가루로 영화 주인공의 얼굴을 만들었다.
- 영화 팸플릿에 연필로 낙서를 했다가 지우개로 지웠다.
- 영화는 내 마음의 슬픔을 지워주는 지우개와 같다.
- 영화 속 주인공이 자기가 쓴 편지를 지우개로 지웠다.

- 1층 문구점에서 지우개를 사고 3층에서 영화를 보았다.

- 영화 시사회에 갔다가 지우개를 사은품으로 받았다.

- 지우개를 샀는데 경품에 당첨되어 영화표를 받았다.

- 영화를 보다가 민망한 사건이 있었는데, 지우개로 지울 수만 있다면 기억 속에서 깨끗이 지워버리고 싶다.

- 영화의 제목을 지우개로 지워버렸다.

- 최근에 지우개가 주인공인 독특한 영화가 제작되어 주목받고 있다.

- 정말 무섭고 소름 끼치는 공포영화는 머릿속에서 지우개로 지워버리고 싶다.

- 영화를 보다가 내가 제일 좋아하는 지우개를 잃어버렸다.

- 지우개가 들어 있는 가방을 메고 영화를 보러 갔다.

- 영화 속 살인 장면은 기억에서 지우개로 지워버리고 싶다.

- 만화영화 속에선 지우개가 살아서 걸어 다닌다.

- 영화를 보는데 어디선가 지우개가 하나 날아와 내 뒤통수를 때렸다.

- 이별을 한 후 혼자 영화관에 들어가 코믹영화를 한 편 보았다. 이튿날 누가 영화의 줄거리를 물었는데, 지우개로 지운 것처럼 내용이 하나도 생각나지 않았다.

- 보고 싶은 영화목록을 적어놓고 본 것을 지우개로 하나씩 지웠다.

- 영화는 지우개처럼 우울한 기분을 깨끗하게 지워준다.

- 영화를 보려고 지우개 100개를 팔았다.

- 영화를 보고 집에 오는 길에 지우개를 주웠다.

- 연필과 지우개가 떨어질 수 없는 사이듯 관객과 영화도 떨어질 수 없는 사이다.

- 내가 영화감독이었다면 지우개로 지워버렸으면 하는 장면이 몇 컷 있었다.

- 작가가 영화대본을 쓰다가 맘에 안 들어서 지우개로 지웠다.

-
-
-
-
-
-
-
-
-

창의적인 일로 미래를 도모하라

삶은 한 번의 큰 기회가 아니라 마음의 작은 습관들로써 바꿀 수 있다.
_웨인 다이어

'창의력이 왜 필요한가?'라고 물으면 다양한 대답이 나온다. 행복하게 살기 위해서, 공부를 잘하기 위해서, 성공하기 위해서 등등. 어떤 사람은 솔직하게 "돈을 잘 벌기 위해서"라고 대답한다. 전 세계가 삶의 질을 높이기 위해 '부의 창조'의 중요성을 역설하고 있다. 그야말로 '부의 창조'를 위한 경쟁시대에 돌입한 것 같다.

그렇다면 돈을 잘 벌기 위해서 창의력이 필요하다는 말은 맞는 말일까? 기업에서 창의력이 필요한 이유는 무엇일까? 또는 당신 자신에게 창의력이 필요한 이유는 무엇인가? 창의적인 발명품을 만들어 특허를 받고 외국으로 수출을 했다는 발명가, 창의적인 스토리텔링으로 백만

장자가 된 조앤 롤링, 창의적인 영화감독 스티븐 스필버그. 이들의 공통점은 발명품, 이야기, 영화로 떼돈을 벌었다는 것이다. 이들의 창의적인 산출물이 많은 사람들에게 행복을 가져다주었고, 그것이 수익으로 이어진 것이다. 너무 세속적인 얘기 같지만 정말로 창의력은 '부'를 가져다준다. 당신이 원하든 원하지 않든 말이다.

1달러만 받고 일해도 행복하다

미국 언론들은 애플 사의 CEO인 스티브 잡스가 2010년에도 연봉을 1달러만 받았다고 보도하였다. 보도에 따르면 잡스의 1달러 연봉 관행은 1997년 애플 복귀 이후 지속되었다. 물론 스티브 잡스라면 평생 연봉을 1달러만 받아도 생활하는 데 문제가 없을 것이다. 그에게 연봉보다 더 중요한 것은 창의력을 실행하는 과정에서 맛보는 만족감과 행복감일 것이기 때문이다. 그는 연봉 1달러만 받아도 일하는 보람과 만족감으로 인한 행복지수가 엄청났을지 모른다. 연봉 1,000만 달러보다 더 높았을지도 모를 일이다.

그는 연봉이 없어도 생활이 가능할 뿐만 아니라 연봉의 개념을 초월한 사람이다. 그러나 대부분의 경우는 상황이 다르다. 미래의 어느 순간에 당신에게도 천운이 찾아와 세상에 호기를 부리며 "나는 앞으로 무보수로 일하겠다"라고 선언할 날이 올지도 모르겠다. 하지만 일정한 연봉을 받으며 살아야 하는 평범한 우리네 인생이라면 연봉을 관리하는 일에 관심을 가질 수밖에 없다.

당신은 연봉에 만족하는가? 연봉에 대한 만족 여부와 상관없이 암울한 노후를 살지 않기 위해서는 지금 벌고 있는 돈을 어떻게 모으고 불려나갈 것인지에 대한 창의적인 아이디어가 필요하다. 젊었을 때 '재화'에 대해 조금만 시간과 노력을 투자하면 당신도 여생을 행복하게 보낼 수 있다.

2009년 11월 14일, 미국의 시사 주간지 〈뉴스위크〉에는 이스라엘군을 강하게 만드는 '경제적 인센티브'에 관한 흥미로운 기사가 실렸다. 우리나라 사람들은 군대를 다녀오면 두뇌가 경직되어 개인의 학업이나 재능 계발에 장애가 된다고 생각하는 편이다. 그런데 이스라엘에서는 군대가 미래를 보장받을 수 있는 원동력이 된다고 한다. 도대체 어떤 이유에서일까? 〈뉴스위크〉는 이러한 이스라엘 군대의 특징을 세 가지로 정리하였다.

첫째, 전통적 위계질서를 허문 수평적 군대조직이 말단 병사에게까지 책임감을 부여함으로써 병사 개개인의 창의력을 북돋운다.

둘째, 고등학교 졸업 후 남자는 3년, 여자는 2년 군복무를 마쳐야만 대학 진학이 가능하도록 제도화함으로써 정서적으로 보다 성숙한 상태에서 대학 교육을 받게 한다.

셋째, 경제·사회·문화적 배경이 서로 다른 젊은이들이 군대에서 동고동락하며 서로를 이해함과 동시에 다양한 인맥 형성의 기회를 갖도록 만든다.

〈뉴스위크〉는 이스라엘 젊은이들의 이러한 군복무 경험과 인맥 형성이 첨단기술 벤처기업 창업의 원동력으로 작용한다고 설명하였다. 군복무가 그들의 사회·경제적 성공률을 높이기 때문에 군복무를 마치는 것이 그들에게 '경제적'으로 이득이 된다는 것이다.

군대 문화든 일반 문화든 권위주위적인 문화에서는 창의력을 발휘하기가 어렵다. 우리나라도 권위주의 문화를 하루 빨리 타파하고 군대를 다녀오는 것이 궁극적으로 인생에 있어 '경제적 인센티브'가 될 수 있는 사회를 만들어야 한다.

눈앞의 월급에만 급급하지 마라

누구나 빌 게이츠와 워렌 버핏처럼 엄청난 부를 쌓고 기부를 하면 좋겠지만 그런 사람은 극소수에 불과하다. 가난 구제는 나라도 못한다는 말이 있다. 그만큼 가난을 개인의 문제로, 가족의 문제로 치부한다고 볼 수 있다.

이쯤해서 나는 창의적인 '재화테크'를 시도해서 어느 정도 여유 있는 삶을 누려볼 기회를 만들어보자고 말하고 싶다. 여기에서 말하는 재화테크란 단순하게 돈을 잘 불리는 방법을 이야기하는 것은 아니다. 그것도 물론 중요하지만, 우리 수명이 100세까지 연장된다고 가정한다면 적어도 의료비, 생활비, 여행경비 정도는 자기 힘으로 감당할 정도의 화수분 같은 재화테크가 필요하다.

중국인들이 우리나라나 일본으로 몰려와서 수천만 원짜리 명품시계를 살 것인가, 말 것인가를 결정하는 데는 5분도 안 걸린다고 한다. 그렇다면 당신은 어떤가? 1,000원, 2,000원을 아끼기 위해 하루 종일 인터넷에서 가격을 비교하는 편인가? 3시간을 할애해서 다른 사람보다 물건을 3,000원 싸게 샀다면 무조건 잘했다고 볼 수 있을까? 가격을 비교하는 데 썼던 금싸라기 같은 시간에 다른 창의적인 일을 했다면 재화의 가치가 훨씬 더 올라가지 않았을까?

우리의 노동시장을 생각해보자. 1시간 일하는 대가로 당신은 얼마를 받는가? 1시간에 3만원인가? 30만 원인가? 아니면 그마저도 못 받고 있는가? 미국의 전직 대통령 빌 클린턴은 1시간에 25만 불(약 2억 7,000만 원 정도)을 받았다고 한다. 당신이 어떤 일을 할 수 있는 사람이냐에 따라 1시간에 받을 수 있는 재화의 가치는 엄청나게 달라진다. 재화는 단순히 돈만 의미하는 것은 아니다. 당신에게 주어진 시간과 건강 상태도 돈 이상으로 중요한 재화다. 따라서 시테크도 중요하고, 휴테크도 중요하고, 건강테크도 중요하다.

재테크에 무관심해서 신문을 읽을 때 경제 섹션을 눈여겨보지 않고, 재테크에 관한 책을 한 번도 읽은 적이 없는 사람이라면 노후에 마이너스 통장만 남을 수 있다는 것을 알아야 한다. 은행대출만 남을 수 있다는 말이다. 그렇다고 돈을 인생의 중심에 놓고 살라는 말은 아니다. 하지만 기본적인 관심은 꼭 필요하다. 당신은 요즘 은행의 정기예금, 보통예금, MMF의 이자를 알고 있는가? 안 하는 사람 빼고는 모두가 한다고 말하는 펀드는 얼마나 알고 있는가?

실제로 재테크에 관심도 가져야겠지만, 은퇴 후에도 지속적으로 일하면서 경제적으로 독립할 수 있는 방법을 연구해야 한다. 은퇴 후에도 연금을 받지 못하는 사람이 많다고 한다. 설령 연금 대상자라고 해도 연금이 고갈될 수 있다.

그렇다면 우리는 어떤 생존 준비를 해야 할까? 창의력을 발휘해보자. 만일 당신이 글쓰기를 좋아하는 사람이라면 글을 쓰고, 커피를 좋아한다면 바리스타로 활동하고, 요리를 좋아한다면 요리학교에서 강의를 하고, 운동에 일가견이 있다면 퍼스널 트레이너로 활동해보자. 제2, 제3의 인생을 살게 될 것이다.

그중에서 가장 좋은 것은 한 번의 노력으로 지속적인 수익을 얻을 수 있는 활동이다. 가령, 책을 한 권 준비해서 출간했는데 운 좋게 베스트셀러가 되었다면 지속적으로 인세 수익을 얻을 수 있다. 엄청난 노력 끝에 발명을 해서 특허를 땄다면 특허료 수익을 지속적으로 얻을 수 있다. 또, 이런 것도 생각해볼 수 있다. 요리사로 현장에서 일하는 것보다 요리책을 쓰거나 요리 비법으로 특허를 내는 것 말이다. 당신이 가진 재능으로 지속적인 수익을 가져다줄 효자 노릇을 할 특별한 무언가를 만들어보자. 혹자는 건물 한 채 사서 건물임대료로 편안하게 사는 것이 더 낫다고 말할 수 있겠다. 물론 임대료로 안락하게 사는 것이 좋을 수도 있겠지만, 그보다는 자신의 지력과 창의력을 이용해 만족감과 성취감을 느끼며 사는 게 더 바람직하지 않을까?

지금 당장 눈앞에 보이는 승진이나 월급에만 관심을 가지고 산다면 머지않아 돈이 당신을 지배하게 될 것이다. 평생 가난 속에서 허덕이며 살 수도 있다. 그렇다고 지나치게 재테크에만 몰두하라는 이야기는 아니다. 큰 틀 안에서 1년에 서너 번 정도 계획을 세우고 수정하는 정도의 관심이면 충분하다.

50대까지 가정을 위해 앞만 보고 달렸는데, 은퇴 후에 병원에도 갈 형편이 못된다면 어떻겠는가? 인생이 너무 억울하고 허망하지 않겠는가? 나중에 후회하지 않으려면, 지금부터 재테크에 시간을 투자해보자. 당신이 원하는 창의적인 일도 할 수 있고, 행복한 미래도 보장될 것이다. 시각을 조금만 바꾸면 된다. 머릿속으로만 생각할 것이 아니라 실제로 20년, 30년 뒤의 당신 모습을 상상하면서 지금 준비할 수 있는 것들에 창의력을 발휘해보자.

창의적인 사람에게 은퇴는 없다

이 책을 읽는 당신이 20대나 30대라면 '노인', '노년기'라는 단어가 생소하게 들릴 수 있다. 심지어 젊은이들 중에는 자신은 절대 늙지 않을 거라고 착각하는 사람도 있다. 노인복지, 노인문제는 나와는 상관없는 딴 세상 일이라고 생각하는 사람도 많다. 그렇지만 젊고 패기 넘기는 당신도 머지않아 노년기를 맞게 될 것이다. 그것은 거스를 수 없는 자연의 이치다.

창의력 분야에서는 '노인과 창의성'에 대한 연구가 꾸준히 진행되고 있는데, 앞으로 노인에 대한 연구는 더 활발해질 것으로 예측된다.

나이가 들어서도 창의력이 유지될 수 있을까? 여러 가지 연구를 종합해 보면 나이 든 사람도 젊은이들만큼 독창적일 수 있다. 그러나 나이가 들수록 속도검사에서 재빨리 반응하지 못하고, 창의력검사 과정이 익숙하지 않아서 창의력검사 점수가 떨어지는 것처럼 보일 수는 있다. 하지만 문제에 대한 민감성, 새로운 지식에 대한 적응력, 새롭고 익숙하지 않은 것에 대한 공포의 극복, 자아상에 대한 유연한 태도 등과 같은 심리적 태도를 갖는다면 나이가 들어서도 창의적인 생산력을 유지할 수 있다.

성인기의 창의력은 절정기와 쇠퇴기가 있어서 나이가 들면 창의력이 쇠퇴할 수밖에 없다. 그러나 그 개인차는 크다. 어떤 사람은 계속해서 창의력이 떨어질 수 있지만, 어떤 사람은 80대나 90대까지도 왕성한 창의적 성취를 하기도 한다. 나이가 들수록 창의력이 떨어지는 이유는 육체적 쇠퇴보다는 정신적인 쇠퇴에서 비롯된다고 할 수 있다.

미래를 창의적인 안목으로 준비하라

미하이 칙센트미하이의 연구나 터먼의 종단적 연구 대상자를 보면 중년에 창의력을 마음껏 발휘한 이들은 노년에 이르러서도 정신적·사회적·신체적인 면에서 훌륭한 상태를 유지할 수 있었다. 그런 한편 《천재, 창의성, 그리고 리더십》이라는 책을 저술한 딘 케이스 시몬

톤 교수는 '연령에 따른 창의력'이라는 주제로 심도 있는 연구를 진행한 바 있다. 그는 이 연구에서 창의력을 가장 풍부하게 발휘하는 시기가 35세에서 55세라는 결론을 얻었다. 또한 최근에는 60세와 70세에 이르더라도 20대 때와 똑같은 창의력을 발휘할 수 있고, 80세에도 속도가 조금 느려지기는 하지만 여전히 중요한 일들을 훌륭하게 해낼 수 있다는 매우 의미 있는 결론을 얻어냈다.

노년기를 창의적으로 보냈던 사람이라 하면 당신은 누가 떠오르는가? 개인적으로 나는 93세까지 수많은 작품활동을 했던 파블로 피카소가 가장 먼저 떠오른다. 98세까지 예술 활동을 했던 마르크 샤갈도 생각나고, 76세 이후부터 수련을 그리기 시작한 모네도 생각나고, 여든을 바라보는 나이에도 영화배우이자 감독으로 명성을 떨치고 있는 클린트 이스트우드도 떠오른다. 2009년에 개봉된 '체인질링'은 1930년생인 클린트 이스트우드가 감독, 제작자, 영화음악 작곡가로서 노익장을 과시한 영화이다. 79세인 그가 창작 세계에 몰입해서 왕성하게 활동하는 것을 보고 '나를 포함한 많은 이들이 그 나이에 그처럼 열정적으로 무엇인가를 새롭게 창작할 수 있을까?' 하는 생각이 들었다.

고대 그리스의 작가들은 여든, 아흔에도 위대한 작품들을 많이 썼다. 고대의 유명한 작가들이나 파블로 피카소, 클린트 이스트우드와 같은 예술가들은 너무 탁월한 사람들이라 우리의 삶과는 너무 동떨어진 것처럼 보일 수 있다. 하지만 노익장을 과시하는 이들은 관심을 가지고 보면 주변에서 많이 찾아볼 수 있다. 일본에서는 2011년 6월에 만 100세가 되는 시바타 도요 할머니의 시집 《약해지지 마》가 대박을 터뜨렸다. 프랑스에서도 93세의 전직 외교관 스테판 에셀의 《분노하라》는 책이 베스트셀러 1위를 차지하였다. 미국에서도 2011년에 77세인 코맥 매카시가 73세에 발표한 《로드》라는 작품이 10만 부 이상 판매되었다. 우리나라에서도 70이 넘어서 '의사'라는 직함을 벗어던지고 군사평론가로 활동하는 문영기 씨와, 6·25 전쟁 논픽션 《낙동강》을 펴낸 류형석 작가가 있다.

우리나라에서 가장 창의적인 노년 여성의 롤모델을 꼽자면 나는 경원대학교 이길여 총장(가천길재단 회장)을 떠올리게 된다. 1932년생인 이 총장은 1964년에 도미하여, 뉴욕의 메리 이머큘리트 병원에서 인턴 과정을, 퀸즈 종합병원에서 레지던트 과정을 마치고 귀국하여 그 이듬해 인천에서 이길여 산부인과를 개원하였다. 마흔이 넘은 나이에 일본 유학길에 올라 의학부에서 박사 학위를 수료했고, 1978년 전 재산을 출연하여 여성으로서는 처음으로 종합병원인 의료법인 인천길병원을 설립하였다. 1995년에는 백령길병원을 차례로 개원시키는 등 나날이 사업을 확장해 전국 각지에 자병원을 건립했으며, 탁월한 추진력과 남다른 경영 수완으로 굴지의 의료그룹을 탄생시켰다.

이처럼 우리도 미래를 내다보고 현재를 준비할 수 있는 창의적인 안목을 길러야 한다. 하지만 사람들 대부분은 약간의 적금을 붓는 것 외에는 미래에 대한 대비를 거의 하지 않는다.

30대인 당신에게도 은퇴의 순간은 온다

미국의 경우, 제2차 세계대전 직후인 1946년부터 1964년에 태어난 베이비붐 세대들은 노년층이 되면 경제적 위기를 맞이하게 될 것이라고 전망했다. 미국 인구 3억 870만 명 가운데 7,200만 명이 넘는 최대 인구집단인 베이비붐 세대들은 2011년에 본격적으로 은퇴를 하게 되는데, 이들 중 절반가량이 빈곤한 생활을 하게 된다는 것이다.

그렇다면 우리나라의 현실은 어떤가? 1955년부터 1963년 사이에 태어난 '베이비붐 세대'가 714만 명 정도라고 한다. 2010년부터 이들의 은퇴가 시작된 우리나라 역시 은퇴자금이 전혀 없거나 충분치 못한 실정이다. 은퇴를 기점으로 삶의 질이 절망적인 수준으로 전락할 수도 있고, 공포에 가까운 삶이 될 수도 있다. 베이비붐 세대 10명 중 6명은 노후에도 일하고 싶다고 말하지만, 창의력이 없다면 일하는 게 쉽지 않을 것이다. 당신이 지금은 30대일지라도 머지않아 40대, 50대를 맞게 되고, 은퇴라는 단어를 실감하게 될 것이다.

그러나 창의력이 있으면 은퇴하는 날이 와도, 100세까지 살아있더라도 지루하지 않은 행복한 삶을 영위할 수 있다. 우리가 맞이해야 할

100세 시대의 노년기는 우리가 그동안 봐왔던 노년의 모습과는 그 의미가 달라질 것이다. 지금은 시간이 없어서 하고 싶은 일을 못하지만, 은퇴 후에는 시간은 있지만 할 수 있는 일이 별로 없어서 삶이 권태로울 수 있다. 70대, 80대에도 연간 수입과 상관없이, 일주일에 20~30시간씩 놀이처럼 즐길 수 있는 일이 있다면 그보다 더 행복한 인생이 어디 있겠는가! 그동안 창의력 계발에 전혀 관심을 두지 않았다면 당신의 인생을 싣고 나아가고 있는 배가 이미 조금씩 침몰하고 있는 중인지도 모른다. 그러니 지금부터라도 기나긴 인생을 행복한 시간으로 채울 수 있도록 창의력 계발에 시간을 투자하자.

어렸을 때부터 창의력을 계발하면 좋겠지만, 그런 기회를 얻지 못했다면 중년기 이후라도 창의력을 키워서 삶을 풍요롭게 만들어보자. 중년기가 되면 좌뇌와 우뇌를 균형 있게 사용하게 되기 때문에 창의력을 증가시킬 수 있다고 한다. 실제로 한 연구에서 놀이활동 및 사회활동을 하는 50~70대를 대상으로 뇌의 수상돌기를 연구한 결과 수상돌기의 수와 길이가 증가된 것으로 나타났다. 영국 정신의학연구소의 스티브 코헨 박사는 "50대에 즐기는 놀이문화는 단순하게 시간을 때우는 것이 아니라 창의력을 증가시키는 원천이 될 수 있다"고 주장하기도 했다. 이는 나이가 들어 뇌세포가 줄어들지라도, 다양한 놀이활동과 사회활동을 하면 세포 사이의 연결이 늘어나서 창의력이 향상된다는 반증일 것이다.

Survival, The Creative

5장

당신의
타고난 재능을
갈고 닦아라

타고난 재능을 부려라

당신의 재능은 무엇인가? 당신은 자신의 재능을 알고 있는가? 당신이 어떤 재능을 갖고 있는지 알고만 있어도 희망은 보인다. 그런데 사람들은 의외로 자신의 재능을 잘 모른다. "당신은 어떤 분야에 재능이 있으신가요?"라고 물으면 "재능이요? 특별하게 그런 게 없는데요"라고 대답하는 사람들이 참 많다. 어떻게 그렇게 자기 자신에 대해 관심들이 없는지 모르겠다. 뱃살이 나오면, 탈모가 시작되면, 얼굴에 붉은 여드름이 돋아나면 야단법석에 가까울 만큼 큰 관심을 보이면서 진정으로 자신의 존재감을 부각시킬 수 있는 재능에 대해 무심한 것은 심각한 문제다. 자기 자신도 모르는 재능을 다른 사람이나 부모가 찾아주기를 원하는 수동적인 삶을 살아온 것은 아닌지 돌아봐야 할 것이다.

어려서 부모가 시키는 대로 이 학원 저 학원을 순례했다면 더욱 그럴 것이다. 곧 은퇴를 맞이할 4, 50대인데 아직도 자신의 재능을 모른다면 그렇게 살아온 인생을 진정 자신의 인생이라고 말할 수 있을까? 우리는 수많은 매체로부터 귀가 따갑게 들어왔다. 자신이 갖고 있는 잠재능력을 찾고, 그 재능을 발휘하면서 살면 더욱 더 행복해질 수 있다고 말이다. 그런데 그것에 대해 한 번도 심각하게 생각해본 적이 없다면 분명 문제가 있는 게 아닐까?

지금부터라도 타고난 재능에 올인하라

당신은 인생을 제대로 잘 살고 있다고 생각하는가? 직장에서 상사가 시키는 대로 일하고, 남이 하는 대로 따라해서 초고속 승진을 했다면 과연 당신의 인생이 성공했다고 할 수 있을까?

비상한 창의력을 발휘하려면 당신이 가지고 있는 재능에 몰입해야 한다. 물론 그림, 음악, 테니스, 체스, 수영, 바둑 분야에서 선천적으로 재능을 타고난 사람은 어려서부터 남들과 다르다. 피카소는 11살에 다른 화가의 그림을 모사하기 시작했고, 바비 피셔는 13살에 체스 챔피언이 되었다. 당신에게도 그런 재능이 있는지 찾아보자. 모든 사람은 태어날 때부터 그 어떤 '재능'을 가지고 태어난다. 타고난 재능도 없는 일에 시간과 돈과 에너지를 쏟아붓는 일은 천하에 미련한 일이다. 타고난 재능을 찾아 그것에 올인해야 한다. 그래야만 삶의 보람과 성취감을 느낄 수 있고, 비상한 창의력도 발휘할 수 있다.

인간의 재능은 다양하다. 우리가 알고 있는 음악 재능, 그림 재능, 신체 재능, 과학 재능, 언어 재능 외에도 정치를 잘하는 정치 재능, 유머 재능, 요리 재능 등 셀 수 없이 많은 재능들이 있다. 재능이라고 해서 거창하고 위대한 것이 아니다. 하찮아 보이는 것이라도 차별화된 자신만의 무언가가 있으면 그것이 바로 재능이다.

SBS TV 프로그램 중에 '생활의 달인'이라는 프로그램을 보면 별의별 달인이 다 있다. '달인'의 사전적 의미는 학문이나 기예에 통달하여 남달리 뛰어난 역량을 가진 사람이다. 밤을 엄청나게 빨리 까는 달인, 전을 부칠 때 한꺼번에 여러 개를 뒤집으면서 빨리 만드는 달인, 철판요리의 달인, 왕만두 포장의 달인, 방석을 가장 빨리 만드는 달인, 옷 안쪽에 단추를 가장 빨리 다는 달인, 오무라이스 만들기의 달인, 부동자세의 달인, 문자메시지의 달인, 초밥을 가장 빨리 나르는 달인 등 빠른 시간 내에 많은 일을 기가 막히게 잘해내는 사람들이 등장한다. 이들은 오랫동안 숙달된 기술로 다른 사람들이 따라올 수 없는 경지에 도달한 사람들이다. 이런 기술도 자신을 차별화할 수 있는 특별한 재능이기는 하다.

숨은 재능을 찾는 것이 먼저다

이와 같은 달인의 경지에 오르지 않더라도, 남의 말을 잘 듣는다거나 이야기를 듣고 감동을 잘하는 것도 특별한 재능이 될 수 있다.

남의 이야기를 듣고 감동을 잘하는 것은 이야기의 내용을 이해하고 파악하는 정도가 보통 사람들과 사뭇 다르기 때문이다. 감동은 뇌의 주요 활성 요인이다. 그래서 감동을 잘하면 기억력도 좋아지고, 독창적이고 참신한 생각도 잘 떠오르는 것이다.

이쯤에서 당신의 재능이 무엇인지 떠올려보자. 딱히 내놓을 만한 게 없다면 어려서부터 지금까지 살면서 받았던 상장들을 꺼내보자. 어떤 상장들이 많은가? 그 상장들이 당신의 재능을 엿볼 수 있는 단서가 될지 모른다.

그리고 지금 당장 5분만 시간을 내서 당신의 재능에 대해 심사숙고해보자. 소리 듣기, 관찰하기, 맛보기, 냄새 맡기 등을 하면서 아주 찬찬히 당신의 재능을 발견해보자. 자신의 재능을 모르는 상황에서는 창의력을 발휘하기가 힘들다. 오감 중에서 어느 감각이 뛰어난지를 알아본 후에는, 어떤 영역에 재능이 있는지를 좀 더 구체적으로 파악할 수 있는 하워드 가드너의 다중지능—언어지능, 논리수학지능, 지각공간지능, 신체운동지능, 개인이해지능, 대인관계지능, 자연관찰지능, 음악지능—과 연관지어 살펴보자. 이 중 당신은 어떤 영역에 재능을 가지고 있는가?

　프랑스의 소설가 아멜리 노통브의 《황산》을 보면 "사람의 사소한 부분들을 즐길 줄 아는 것, 그것 역시 무시할 수 없는 재능이다"라는 내용이 나온다. 그렇다. 만일 당신에게 그 어떤 특별한 재능이 없다고 생각한다면 사소한 부분들을 즐길 줄 아는 능력이 있는지를 관찰해보자. 그것도 재능이다.

　한 연수에서 교사들에게 자신의 재능을 잘 찾아보라고 했더니 '웃는 재능', '오랫동안 통화하는 재능', '상냥하게 말하는 재능', '타인을 기분 좋게 만드는 재능' 등을 이야기하였다. 이처럼 자신에게 내재되어 있는 그 어떤 재능이 있을 것이다. 당신이 갖고 있는 재능 에너지를 부려보자. 사람, 자원만 부리는 것이 아니다. 물건만 부리는 것이 아니다. 당신 안의 잠재된 재능도 부릴 수 있어야 한다.

　만약 당신이 팔방미인이라면 바짝 신경 써야 한다. 고사성어 중에 오서오능이란 말이 있다. 날다람쥐는 다섯 가지 재주가 있어 이것저것 하기는 해도 뭐 하나 제대로 하는 것이 없다는 말이다. 팔방미인(八方美人)이란 말과도 일맥상통한다. 팔방미인을 부러워할 필요가 없다. 영재교육에서 제일 문제가 되어 상담을 요하는 사람이 바로 오서오능을 지닌 사람, 팔방미인 같은 사람이다. 이런 사람은 창의력을 발휘하는 데 난관이 많다. 오히려 뛰어난 재능 한 가지만 가지고 있는 사람이 창의력을 발휘하는 게 쉽다. 재능이 많은 사람은 각각의 재능을 발달시키는 데 시간과 에너지, 능력을 분산시키기 때문에 하나의 분야에서 재능을 꽃 피우기가 어렵다. 1,000년에 한 명 나올까 말까 하다는 레오나르도 다 빈치 같은 사람이 아니라면 말이다.

자신이 가진 재능을 발견했다고 끝난 건 아니다. 그냥 내버려두어도 저절로 재능이 꽃을 피우고 열매를 맺는다고 생각하면 큰 착각이다. 시카고 대학의 블룸 교수는 스포츠, 음악, 그림, 수학, 화학 등의 분야에서 세계적으로 명성을 떨친 120명의 사람들을 대상으로 3년여에 걸쳐 '재능 발달'이라는 연구를 진행하였다. 그 결과 그들은 유아기부터 세계 정상급의 전문가로 활동하기까지 끊임없이 제공되는 자극과 도전 속에서 탄생되었다고 결론을 맺었다. 그들이 세계적으로 명망 높은 전문가가 될 수 있었던 것은 어려서부터 개개인의 학습속도에 맞는 개별화 교육을 지속적으로 받아왔기 때문이라는 것이다. 그들 모두는 한 명도 예외 없이 각각의 재능 분야에서 어려서부터 10년 이상의 부단한 노력을 했던 것으로 밝혀졌다. 최고 수준의 전문가로 발돋움하려면 가정에서고 학교에서고 재능 발달에 올인할 수 있는 환경이 주어져야 한다는 말이다.

그런데 이 책을 읽는 당신이 지금 20대나 30대라면 어떻게 해야 할까? 늦었다고 포기하기에는 남은 인생이 너무 길다. 특히 우리 세대의 수명은 100세 이상이 될 거라 전망하지 않는가! 아직 늦지 않았다. 당신이 찾아낸 재능에 지금부터 10년간 아낌없이 투자하고 집중해보자.

소설가 박완서의 작가 데뷔가 마흔 살에 이루어졌다는 것을 생각한다면 당신의 시작은 절대 늦지 않았다.

당신만의 기네스북을 만들어라

창의력을 계발시키면 자신감도 향상된다. 10년 동안 대학생들의 창의력 계발 과목을 담당하면서 나는 새로운 발견을 했다. 창의력이 발달되면 자신감이 함께 향상되는 것을 알게 된 것이다. 당신은 자신감이 넘치는 사람인가? 반대로 늘 자신감이 없어 기가 죽어 사는 사람인가? 만일 후자라면 창의력을 먼저 키워라. 저절로 자신감까지 향상되는 것을 느끼게 될 것이다.

수줍고 내성적인 사람, 목소리가 작아서 발표를 해도 잘 들리지 않는 사람은 자신감이 없는 사람이다. 창의력 계발 수강신청을 하는 학생들 대다수는 소극적이고 내성적인 사람이다. 하지만 창의력 과목을 이수한 다음에는 목소리가 당당해지고 발표에 자신감을 얻게 된다. 그 이유는 브레인스토밍과 같은 창의력 기법을 통해 자신감을 얻기 때문이 아닐까 싶다. 어떤 아이디어를 내놓아도 수용하는 분위기라면 아무리 소극적인 사람이라도 자신의 생각을 조금씩 발표하게 되고 시간이 흐를수록 목소리도 점점 더 또렷해지고 자신감도 생기게 된다. 인생을 살아가는 데 있어 가장 중요한 것은 자신감이다. 창의력을 계발하려고 노력하면 덤으로 자신감도 함께 자란다. 또한 확신과 신념이 생기고, 눈빛이 달라지고, 인생이 달라질 것이다.

당신이 가진 정신력에 도전하라

당신 자신에게 도전장을 던져보자. 위험한 일에 도전하라는 말이 아니다. 실천 가능한 범위 내에서 당신의 창의력과 정신력에 도전해보자는 것이다. 예컨대, 매일 아침 배달되는 40면의 신문을 소설책 읽듯이 꼼꼼하게 읽어보기, 아내에게 하루에 한 번씩 칭찬하기 등과 같이 실천 가능한 일에 도전해보라는 말이다. 또 조금은 무리가 따를 수 있지만 10시간 동안 등산하기, 자화상 그려보기, TV와 인터넷 없이 하루 종일 빈둥거리기, 5시간 동안 자전거 타기, 하루에 한 권 이상 책읽기, 하루 동안 사람을 만날 때마다 유머 하나씩 들려주기와 같은 도전도 색다른 재미를 줄 것이다.

평소 나는 '전쟁과 창의력'에 대한 관심이 많은 편이다. 작년에 내셔널지오그래픽 채널에서 '파이트 사이언스'라는 매우 흥미로운 프로그램 하나를 보게 되었다. 특수부대원들의 초인적인 능력에 대한 과학실험을 하는 내용이었는데, 전쟁과 같은 극한상황에서 인간의 정신력이 어떤 힘을 발휘하는지를 짐작할 수 있는 계기가 되었다.

이 프로그램에서는 우선 월등한 신체능력을 가지고 있고, 스트레스 속에서도 임무수행을 잘 해낼 수 있는 강인한 정신력을 가진 특수부대원 세 명이 피실험자가 되어 추운 곳, 더운 곳, 어두운 곳과 같은 극한의 환경에 처해졌다. 실험의 의도는 특수부대원들이 신체적 어려움과 감각의 제한을 딛고 그들의 임무를 얼마나 빠르고 정확하게 수행하는지를 측정하는 데 있었다.

보다 과학적인 측정을 위해 실험 전에 임무수행능력을 측정한 데이터와 극한상황을 겪은 다음에 다시 임무수행을 측정한 데이터를 비교, 분석하였다. 그 결과 혹독한 체온저하실험과 더위실험을 겪은 후에 피실험자들의 임무수행능력이 실험 전과 비슷하게 유지되었거나 오히려 더 향상된 것으로 나타났다. 피실험자들은 인간이 견뎌낼 수 있는 저체온, 고열, 탈수현상을 초월하여 오히려 집중력이 더욱 강화되었다는 것이 결론이었다.

그리고 청각에 집중해서 임무수행을 하게 했던 한 실험에서는 어둠

속에서 뇌가 위협을 인지하는 속도가 0.12초밖에 걸리지 않았다. 실험 상황이어서 이 정도 속도지, 생사를 건 실제 위험상황에서는 속도가 더 빨라진다는 설명이 보태졌다.

실험은 생리학자들과 전술전문가들, 전투심리전문가, 스포츠과학 전문가들로 구성된 전문가들이 과학적으로 진행하였는데, 그중 스탠포드 대학 생물학과의 데니스 그란 박사는 실험 결과 특수부대원들의 임무수행 능력과 정신력이 매우 특별하다고 강조하였다.

자신감이 두려움을 이긴다

인간의 한계를 뛰어넘고 아무도 못해낼 것 같은 일을 해내는 사람들은 과연 어떤 사람들일까? 유전적으로도 우수할 테지만, 그들의 수행능력을 위해서는 신체적 조건뿐만 아니라 강인한 정신력 또한 없어서는 안 될 것이다. 실험을 통해 알아본 결과, 그들의 집중력과 속도는 거의 초인적인 상태임을 알 수 있었다. 그들이 이와 같은 특별한 능력을 갖게 된 것은 유전적인 요인도 있겠지만, 우리가 상상할 수 없을 정도로 혹독한 정신적·신체적 노력이 뒷받침되었기 때문이다. 이것이 바로 과학적으로는 도저히 이해가 안 되는 정신능력의 탁월함이라 할 수 있다. 이 실험은 과학이 이제 막 탐구하기 시작한 인간의 잠재능력에 관한 무한한 가능성을 보여주는 것이었다. 즉 정신력과 자신감을 확고하게 다지는 것만으로도 현재와 미래의 삶이 달라진다는 말이다.

할 수 있다는 확고한 신념이 있으면 세상의 당당한 주인이 되고 미래에 대한 두려움이 없어진다. 무엇보다 중요한 것은 스스로 삶의 주도권을 갖게 된다는 것이다. 오늘부터라도 당신만의 기네스북에 도전하면서 스스로 성장할 수 있는 실천목록을 만들어보자. 매사에 자신감이 넘치는 인생, 그보다 멋진 인생이 또 어디 있겠는가?

당신이 가진
유전자의 비밀을 벗겨라

자신을 내보여라.
그러면 재능이 드러날 것이다.
_ 발타사르 그라시안

'스펙'이 정말 좋은 사람 중에도 정작 자신의 잠재능력이 무엇인지 모르는 사람이 많다. 아직도 자신의 잠재능력이 무엇인지 잘 모른다면, 지금부터라도 자신에 대한 연구를 시작해야 하지 않을까! 조부모나 증조부모, 그전의 조상으로부터 전수받은 유전자를 찾아보자. 그 유전자를 찾아낸다면 당신은 손 안에 행운을 거머쥐는 것과 같다. 거기서부터 시작하자. 후천적으로 노력해서 창의적으로 성공하는 일이 전혀 불가능한 것은 아니지만 거기에는 한계가 있다. 선천적으로 내 안에 내재되어 있는 유전자를 살핀 후 그에 관한 일을 시작하면 훨씬 더 효율적으로 창의력을 발휘할 수 있다는 말이다.

물론 아무리 선천적인 능력이 있더라도 후천적인 노력과 학습이 뒤따르지 않으면 그 능력은 발휘되지 못할 것이다. 그런 이유로 선천적인 능력이 다소 부족해도 후천적인 노력을 기울이면 그 무엇인가를 이룰 것처럼 이야기되기도 한다. 어느 정도는 맞는 말이다. 그러나 선천적으로, 유전적으로 그 어떤 능력이 없으면 그야말로 뼈와 살을 깎는 노력을 해야 한다. 평범한 사람이 선천적으로 그 어떤 능력을 갖고 태어난 사람을 뛰어넘기는 우리가 상상하는 것보다 훨씬 더 어렵다. 각고의 노력을 기울인다 해도 궁극적으로는 과정의 한 지점에서 벽에 부딪히기 십상이다. 그만큼 태어날 때부터 뼛속 깊이 각인되어 있는 유전자의 힘은 위대한 것이다.

연습도 타고난 재능의 벽을 넘지 못한다

당신이 아무리 노래를 잘하고 싶어도 선천적으로 노래를 잘할 수 있는 유전자가 없다면 24시간 목이 터져라 연습해도 유전자를 갖고 태어난 사람을 따라가기는 힘들다.

선천적인 능력에 대해 이야기하는 영화 '페임'은 춤, 노래, 음악, 연기 등 각 분야의 최고만이 갈 수 있는 예술학교에서 오직 1퍼센트의 최고를 꿈꾸는 젊은이들의 예술세계를 솔직하게 표현하고 있다. 뉴욕의 예술학교에 재학중인 남학생이 졸업을 앞두고 취업을 하려고 지도 교사에게 추천장을 의뢰한다. 그러나 교사는 냉정하게 "너는 선천적으로 타고난 예술적 재능이 부족하다. 너는 예술가보다 예술교육자가 되면 훌륭하게 그 일을 해낼 것이다"라고 충고한다. 그 말을 들었던 남학생은 항변한다. "난 예술학교에 들어온 이후 누구보다도 열심히 연습했다"라고 말이다. 이에 남학생은 자살을 생각할 정도로 큰 충격을 받는다. 자신보다 연습도 별로 안하는 다른 학생들이 자신보다 인정받는 현실을 인정하지 못한다. 그렇지만 결국 그는 예술인으로는 한계가 있다는 것을 깨닫고 예술교육자의 인생을 받아들이게 된다.

이 영화에서 지도교사가 주인공에게 말한 것이 바로 '선천적인 능력'이다. 어떤 사람은 태어날 때부터 이미 유전적으로 특별한 예술적 능력이 있고, 어떤 사람은 태어날 때부터 정치를 하거나 군인이 될 유전자를 갖고 태어난다. 유전적으로 음악적 재능을 타고난 사람이 그림 그리는 것을 좋아해 그림을 열심히 그렸다면 보통 정도의 그림 실력은 발휘될 수 있지만, 피나는 노력과 두세 배의 시간투자가 없다면 그 이상을 기대하기는 어려울 것이다. 이것은 일종의 효율성의 문제라고 할 수 있다. 모든 인간은 운명적으로 일정 분야에 대한 크고 작은 소질을 가지고 태어난다. 그러나 자신의 유전적 요인을 간과하는 사람들이 의외로 많다. 후천적 요인도 물론 중요하지만, 선천적 요인을 고려한 후에 후천적 요인을 생각하는 게 맞는 순서일 것이다.

홀륭한 요리가 탄생하려면 요리사의 실력이나 향신료도 중요하지만 가장 중요한 것은 신선한 식재료다. 기본적으로 식재료가 신선하지 않고 좋은 품종으로 만들어진 것이 아니면 제아무리 특출난 요리사가 요리를 한다 해도 훌륭한 요리를 만들어내지 못한다. 반면에 식재료가 뛰어나면 특별한 향신료를 사용하지 않아도, 요리사가 크게 맛을 내지 않아도 그 자체만으로도 멋진 요리가 만들어진다. 하물며 우리 인간이야 말할 필요도 없지 않겠는가.

운명을 거스를 수 없는 유전자의 힘

한 사람의 유전자 속에는 상상할 수도 없는 많은 비밀이 담겨져 있다. 내가 좋아하는 것과 잘하는 것은 정말 다른 문제다. 당신에게도 잘할 수 있는 그 어떤 것이 내재되어 있다. 당신이 그것을 긍정하든 부정하든 당신의 의사와는 상관없이 말이다. 지금 조용히 앉아서 당신의 조부모, 증조부모, 친척들을 찬찬히 떠올려보라. 그들의 유전자에 무엇이 들어 있을까를 상상해보라. 그러면 당신의 유전자 속에 무엇이 있는지를 추측할 수 있다.

유전자에 관심이 있었던 사람이라면 게놈에 대해서 들어본 적이 있을 것이다. 게놈은 유전자와 염색체를 합성한 단어로, 생물에 담긴 유전정보 전체를 의미한다. 한동안 게놈 프로젝트가 완성돼서 인간의 삶에 커다란 변화가 올 것처럼 소란이 일었던 때가 있었다. 게놈 프로젝트가 완성된다고 해서, 당신 자신에 대한 완벽한 생명 설계도를 갖게되는 것은 아니다. 우리는 단지 30억 개의 염기 서열만 알아냈을 뿐인데, 후속 프로그램들이 계속 진행되면 유전자 구조 외에도 기능을 완전히 파악할 수 있을 것이라고 예측한다. 과학자들은 21세기 안에 이놀라운 일이 가능하다며 자신하고 있다. 정말로 그런 날이 온다면 자신의 재능을 탐색하는 데 많은 시간과 노력을 들일 필요가 없게 될 것이다. 일단의 검사만으로도 당신의 숨겨진 유전적 재능을 찾아낼 수있을 것이기 때문이다.

그렇다면 당신의 경우에는 어떤가? 남 앞에 서기를 좋아하는 편이라면 당신의 부모님, 조부모님, 증조부모님의 성격을 떠올려보라. 당신이 요리에 관심이 많다거나 요리를 아주 잘한다면 당신의 가계도를훑어보라. 당신의 가계도에서 요리와 관련된 일을 했던 분을 찾을 수있을지도 모른다.

다섯 살의
상상력을 유지하라

상상력과 관련해서 윌리스 스티븐스는 "현실은 가장 존엄한 상상력의 산물"이라고 하였다. 또한 "상상할 수 있는 모든 것은 현실"이라고 이야기한 파블로 피카소와, 브레인스토밍을 창안한 알렉스 오스본의 "상상하는 능력은 곧 세계를 재구성하는 능력"이라는 말은 상상력이 현실과 떼려야 뗄 수 없는 관계라는 것을 잘 설명한다. 상상력이 빈곤한 사람은 세계를 재구성할 줄 모르고, 남이 구성한 세계를 무조건적으로 수용한다. 그야말로 재미없는 인생을 살 수밖에 없는 것이다.

상상력의 대가 반열에 드는 이들 중에는 피카소, 나폴레옹, 라이트 형제, 스티브 잡스, 빌 게이츠, 팀 버튼 등이 있지만, 개인적으로 나는 쥘 베른을 상상력이 가장 뛰어난 사람으로 손꼽고 싶다. 우리에게 공상과학 소설가로 잘 알려진 쥘 베른은 《해저 이만 리》,《80일간의 세계 일주》,《기구를 타고 5주일》,《20세기 파리》에서 그의 과감한 상상력을 유감없이 보여주었다. 그중에서도 《20세기 파리》는 허무맹랑한 공상과학 소설로 취급되어 출판되지 못했다가 최근에 그의 후손에 의해 빛을 보게 되었다. 그의 소설은 단순한 공상이 아니다. 그는 과학적 자료를 바탕으로 철저한 분석과 계산 속에서 미래를 예측하며 글을 썼다. 놀랍게도 100년 전 그의 소설 속에는 팩시밀리와 네온사인, 전자 음악 등의 발명품들이 등장한다.

피카소는 모든 아이는 예술가라고 하였다. 그만큼 아이들은 풍부한 상상력을 지니고 있다. 당신의 어린 시절로 한번 돌아가보자. 아마도 하루 종일 상상놀이에 빠져 지냈을 것이다. 달을 한입 베어 물면 어떤 맛일까 상상하며 군침을 삼키고, 달나라에 가서 토끼랑 숨바꼭질을 하는 상상을 하지는 않았는가? 대여섯 살까지는 별의별 상상을 다하고 놀아도 부모들이 흐뭇해한다. 대단한 상상력이라고 박수까지 받기도 한다. 그런데 학교에 들어가면 상황이 달라진다. 열심히 공부만 해도 시원찮을 판에 엉뚱한 상상을 하고 있다면서 그동안 '대단한 상상력'의 소유자로 대접 받았던 아이가 한순간에 '쓸데없는 생각'에 빠져 사는 문제아 취급을 당하는 것이다.

부모들의 이러한 사고방식과 획일화된 주입식 교육과정은 아이들의 창의력을 말려 죽인다. 그것은 그동안 아이들이 만들어왔던 상상력의 꽃망울을 이제 막 터뜨리려는 찰나에 그 꽃가지들을 싹둑싹둑 잘라버리는 것과 같다. 당신도 그런 피해자였을지 모른다. 또 지금은 당신이 어린 시절에 받았던 상처보다 더 큰 상처를 주는 가해자가 되어 있을지 모르겠다. 꼭 한 번은 당신을 뒤돌아보는 기회를 가져보자. 아울러 우리 교육현장이 하루빨리 아이들의 상상력과 창의력을 꽃피워주는 방향으로 재편되기를 간절히 소망한다.

뇌는 '상상놀이'로도 충분히 행복하다

나는 여행을 떠나고 싶은데 상황이 여의치 않으면 '여행하는 상상놀이'에 빠진다. 구름 속을 떠다니는 상상을 하고, 아프리카 밀림 속을 걸어 다니며 동물들을 찬찬히 관찰하는 상상을 한다. 때로는 꿈속에서도 상상력을 움직인다. 언젠가 한번은 오색찬란한 바위 위를 걸어다니는 꿈을 꾼 적도 있다. 그날은 하루 종일 값을 매길 수 없는 진귀한 여행을 한 듯한 만족감이 들었다.

5년 전부터 계획했다가 최근에 한 달 동안 다녀온 남미여행도 상상에서 시작되어 그 꿈을 이뤘던 대표적인 예다. 여행 전에 나는 페루의 안데스 산맥과 마추픽추, 나스카, 쿠바의 말레콘 해변을 수도 없이 거닐었다. 그 상상속의 체험은 실제로 이루어졌다.

내가 한 일은 오직 상상한 것밖에 없다. 그런데 그 상상력은 나의 두 뇌 속에서 현실처럼 작동하곤 했다. 그것만으로도 나의 뇌는 만족감으로 충만해지고 행복감에 빠졌다. 소설책 한 권을 읽더라도 실제 일어나는 일처럼 상상하면서 읽으면 훨씬 더 재미있고 흥미진진하게 읽을 수 있다. 상상력이 풍부한 작가의 소설을 마치 옆집에서 일어나는 일처럼 읽어 내려가면 상상력은 몇 배로 커진다.

나는 20년째 서울에서 광주로 일주일에 한두 번씩 비행기로 출퇴근을 하고 있다. 1991년 광주대학교에 첫 출근을 할 때부터 나는 서울에서 광주대학교까지 자가 비행기로 출퇴근하는 내 모습을 꿈꾸었다. 내가 가르치는 학생들에게도 "나의 꿈은 서울 우리 집에서 광주대학교까지 내 비행기로 출퇴근하는 것"이라고 말해왔다. 그러나 가족들조차도 내 말을 웃어넘기곤 했다. 하지만 나는 반드시 그런 날이 올 거라고 믿는다. 아마도 그날은 내가 정년퇴직을 하기 전에 현실이 될 것이다. 나는 정말로 그렇게 믿고 있다.

내 비행기로 출근하는 상상을 하는 것처럼 행복한 일은 없다. 가끔은 14층 연구실에서 다른 건물들의 옥상을 내려다보면서 비행기를 착륙시키는 재미있는 상상을 한다. 때문에 녹색바탕에 커다랗게 H라는 글자가 그려진 건물 옥상만 봐도 괜스레 마음이 흥분된다.

자가 비행기에 대한 집착 때문인지 신문에 '자가 비행기' 관련 기사만 나오면 스크랩을 한다. 그러던 어느 날 2010년 9월 14일 조선일보에 '하늘을 나는 자동차 미국서 내년 출시'라는 제목의 기사가 실렸다. 미국의 벤처기업 테러푸기어Terrafugia(라틴어로 '지상으로부터의 탈출'이라는 의미)에서 평소에는 일반 차량처럼 도로를 달리다가도 고속도로나 활주로 등 일정 거리의 직선 주행로가 확보되면 비행기로 변신해 날 수 있는 환상의 트렌지션transition을 연간 10대 규모로 제작할 예정이라는 내용이었다. 그동안 꿈꿔 온 자가 비행기를 탑승할 시간이 머지 않은 것이다.

자가 비행기에 대한 관심은 경비행기 자격증을 따기로 마음을 먹는 데까지 이르렀다. 경비행기에 대한 관심은 오래전부터 있었는데, 안식년인 올해는 경비행기 운행 자격증에 도전하겠다고 마음먹고 있다. 사실 7년 전 한서대학교를 방문했을 때 함기선 총장님의 배려로 세스나기Cessna(미국의 세스나 항공기 회사가 생산하는 비행기로, 경비행기의 대명사로 일컬어진다)를 체험할 수 있는 기회를 얻었다. 그때 옆에 있던 교관의 도움으로 아주 짧은 시간이지만 비행기 조종을 해봤다. 그때의 내 느낌을 말하자면, 하늘을 비상하는 자유로운 새가 된 기분이었다. 그 후에 나는 비행기 계기판을 연구실에 붙여놓고 생각날 때마다 비행기 운전을 하는 상상에 빠졌다. 그것은 잠자는 나의 상상력을 깨워주는 행복한 놀이였다.

당신의 상상력 수준을 테스트하라

'우리가 상상하는 모든 것은 거의 현실'이라는 피카소의 멋진 말을 빌지 않더라도 상상하는 모든 것은 거의 이루어지게 마련이다. 이쯤에서 당신에게 묻고 싶다.

"당신이 원하는 미래는 어떤 모습인가?"

지금부터 재미있는 상상놀이에 빠져보자. 당신의 상상력이 어느 정도인지를 체크할 수 있는 기회도 될 것이다. 우선 맛있는 음식을 먹고 있다는 상상을 해보자. 그 음식을 생각할 때 입안에 침이 고이고 머릿속에 음식이 떠오르고 냄새까지 맡을 수 있다면 당신은 상상력이 무척 뛰어난 사람이다.

존 베어 교수는 창의력을 0에서 10등급으로 나누었다. 셰익스피어, 아인슈타인, 헤밍웨이, 디킨슨, 모네, 피카소, 마그리트, 루소와 같이 상상력이 매우 뛰어난 사람의 상상력 등급은 10이고, 상상력이 가장 낮은 등급인 0의 예로 '돌 rock'을 들었다. 가장 평범하고 특징이 없으며 아무런 흥미를 일으키지 않는, 심지어 지질학자조차 관심을 보이지 않는 길가의 시시한 돌에 비유한 것이다. 만약 당신 스스로 자신의 상상력 수준을 '돌' 정도라고 생각한다면 오늘부터 달라지기 위해 노력을 해보자. 창의력 노트를 한 권 마련하는 것으로도 당신의 상상력은 돌멩이 수준에서 벗어나게 될 것이다.

당신의 상상력 수준이 어떤 정도인지 모르겠다면 당신이 가지고 있는 시적 상상력을 테스트하라. 시적 상상력이 어렵다면 어렸을 때의 별명을 떠올려보자. 정호승 시인은 친구를 부르는 별명도 시의 하나라고 보았다. 그는 "시는 은유로 이루어진 표현이다. 우리는 피부가 검은 친구에게 깜씨라는 별명을 달아주고, 키가 작은 친구에게 땅꼬마라는 별명을 달아준다. 별명은 그 친구를 보면서 느낀 점을 은유적으로 부르는 것이다"라고 하였다.

당신은 누군가에게 별명을 붙여준 적이 있는가? 그렇다면 안심하라. 당신의 상상력은 적어도 돌멩이 수준은 아니라는 것이니. 오늘부터 주위 사람들에게 별명을 하나씩 붙여보자. 상상력에 초록등이 켜지면서 당신의 뇌도 행복해질 것이다.

모범생 이미지에서 탈출하라

당신은 창의적인 사람들에 대해 어떤 이미지를 가지고 있는가? 혹시 독특한 헤어스타일을 하거나, 파격적인 옷차림을 즐기거나, 지나칠 정도로 독창적인 화장을 하거나, 과감한 색상의 옷이나 특이한 장신구를 사용하는 사람을 떠올리지 않는가? 외모는 그렇다 치고 창의적인 사람들의 내적인 성향이라 하면 어떤 이미지를 떠올리게 되는가?

토란스 박사는 1972년에 창의적인 인간의 특성을 나타내는 낱말 84개를 알파벳 순서로 열거한 바 있다. 거기에는 몇 가지 흥미로운 특성들이 있었다. 유머감각, 심미성, 순진성, 모험심, 도전의식, 용기, 호기심과 같이 긍정적인 것들도 있지만, 결점 찾기의 명수, 예의를 잘 갖추지 않음, 불만족스러움, 실수를 잘함, 고집이 셈, 비동조적임과 같은 부정적인 특성도 있다.

창의적인 사람들은 긍정적인 특성뿐만 아니라 부정적인 특성도 많이 가지고 있다. 그렇다고 창의적인 사람들 대부분이 윤리와 도덕을 무시하고 제멋대로 행동한다는 말은 아니다. 이를테면 어떤 문제를 해결해 나가거나 작품을 구상하기 위해 아이디어를 만들어내는 과정에서 전통적인 사고틀에서 벗어나 특이한 사고를 하는 것을 말한다. 즉 문제를 해결하고 사물을 바라보는 시각과, 기존의 틀을 깨고 새로운 방법을 찾는 것이 남다르다는 말이다.

우리나라 사람들은 남의 시선을 지나치게 의식하는 경향이 있다. 그래서 남의 눈치를 보고 남의 의견에 따라가는 성향이 유달리 강하다. 다른 사람들이 하는 대로 따라하면 마음이 편하고, 책임추궁의 소지가 없기 때문이다. 또한 다른 사람들과 의견이나 판단이 다르면 괜히 불안해지기 때문에 자신의 생각을 버리고 남들의 생각에 맞추는 것이다. 이런 심리상태로는 창의적인 사람이 되는 게 어렵다.

'남자는 이래야 하고 여자는 이래야 한다. 며느리는 이래야 하고 사위는 이래야 한다. 자식은 이래야 하고 부모는 이래야 한다'는 생각에서 벗어나야 마음이 가벼워지고, 자신만의 가치관이 생기고, 창의적인 삶을 살 수 있다.

어떤 연구자는 창의적인 사람의 특성을 나열하다가 그것이 300개가 넘자 더 이상 특성을 찾지 않았다고 한다. 건축가, 소설가, 시인, 화가 등의 창의적인 특성이 각기 다르고, 아이와 어른의 특성이 저마다 다르기 때문이다.

틀에 박힌 양식을 싫어하거나, 인생 경험을 특히 잘 활용하거나, 감정을 자연스럽게 표현하거나, 경험에 개방적이거나, 자신의 감정과 느낌에 개방적이고 여성적인 경향이 있는 편이라면 비교적 창의적인 사람이라고 할 수 있다. 당신은 어떠한가? 틀에 박힌 양식을 그대로 따라야 마음이 편한 사람인가? 인생 경험을 활용하기는커녕 경험조차 꺼리는 사람인가? 남들에게 솔직한 감정을 표현하는 게 힘들어서 속마음을 차곡차곡 쌓아두는 사람인가? 누군가 새로운 룰을 제안하면 왠지 거부감이 드는 사람인가? 기존의 방식대로 하지 않으면 심리적으로 불안해지는 사람인가? 가끔은 새로운 방법으로 문제를 해결하려고 노력하는 사람인가?

모범적인 생활은 창의력을 죽인다

당신은 창의적인 사람인가, 아닌가? '그렇다'고 말하기도 어렵고 '아니다'라고 말하기도 어려운가? 그렇다면 이렇게 생각해보자. 당신은 '모범생'이라는 말을 자주 듣는 편인가, 아닌가? 만약 그렇다면 당신은 창의적인 사람은 아니라고 할 수 있다. 모범적인 길을 걷고, 상사가 지시하는 일을 고분고분 잘하고, 자신의 생각을 잘 표현하지 않는다면 당신은 앞으로도 창의적인 사람이 되기 어렵다. 그러다가 어느 순간에는 삶에 지쳐서 직장에 출근하기가 죽기보다 싫어지는 날이 올 것이다. 그런 미래를 원하지 않는다면 오늘부터라도 창의적인 사람들을 조금씩 흉내 내보자.

지금은 떠올리기 싫지만 20대 초반까지 나는 지나친 모범생이었다. 나는 학교생활 내내 개근상을 타지 않은 적이 없고, 부모님과 선생님이 지시하는 것들은 이유를 묻지 않고 묵묵히 따랐다. 부모님과 선생님의 의견에 반대의사를 표명하면서 나만의 색깔을 드러낸 적이 없었다. 고백컨대, 그만큼 나는 고지식하고 답답한 모범생의 결정체였다. 그러던 어느 날 미국유학을 떠나 창의력을 접하면서 그동안의 나의 삶이 얼마나 지루하고 한심하고 재미가 없었는지를 깨달았다.

당신도 이쯤에서 당신의 인생을 돌아보는 시간을 갖기 바란다. 어쩌면 지금 이 순간이 당신이 이제껏 걸어왔던 재미없고 지루한 인생을 바꿀 수 있는 가장 빠른 터닝포인트일지 모르니까.

창의적인 환경,
필요하다면 직접 만들어라

찰스 다윈은 생존에 대해 이렇게 말했다.

"살아남는 종이 강한 것이 아니다. 가장 똑똑한 종이 살아남는 것도 아니다. 새로운 환경에 적응하는 종이 살아남는 것이다."

당신은 어떠한가? 새로운 환경에서 살아남을 수 있는 사람인가? 5년이나 10년 뒤쯤에 그 어떤 변화가 와도 살아남을 자신이 있는가?

요즘 TGIF(트위터, 구글, 아이폰, 페이스북)가 대세다. 이것들은 '소통'을 화두로 새로운 디지털 생태계의 서막을 장식한 선구자들이다. 지금은 내가 생존하기 위해서 어떤 노력을 해야 하는지를 되짚어보게 하는 시대다. 궁극적으로 불사조처럼 생존하기 위해 어떤 전략적 무기를 갖추어야 할까를 고민해야 한다. 예상치 못한 난관을 헤쳐나가는 데는 창의력보다 강력한 무기가 없다.

구글처럼 사무실 안에 훌륭한 휴게시설을 마련하고, 업무시간의 일부를 직원이 하고 싶은 일을 할 수 있게 하는 기업이 과연 몇이나 되겠는가? 이런 환경 속에서 일한다면 창의적이고 혁신적인 아이디어가 조금은 더 나올 게 틀림없다. 현재 당신이 일하고 있는 사무실의 환경이 창의적이지 못하다면 당신만의 창의적인 환경을 적극적으로 만들어보자.

창의적인 환경요인이라 하면 크게 '물리적 요인'과 '심리적 요인'으로 나눌 수 있다. 창의력을 발휘하기 위한 물리적인 환경을 일종의 사치라고 보는 사람들도 있는데, 그런 환경을 만들어놓고 열심히 작품활동을 하는 사람들은 그 모든 에너지가 그런 특별한 환경에서 나온다고 보기 때문에 남들과 다른 자기만의 방식을 고집하는 경향이 있다. 적절한 온도와 조명을 고려한 안전하고 편안한 환경, 심리적 안정감을 주는 작업실, 실내 인테리어, 음악 등 그 종류는 셀 수 없이 다양하다. 또한 직장인이라면 사무실 책상 위에 상장이나 가족사진을 올려놓기도 하고, 창의적인 자아를 떠올리는 코믹한 장난감을 올려놓기도 하고, 자신이 좋아하는 경구나 그림을 붙여놓기도 한다.

심리적인 환경이란 창의적인 아이디어를 내고, 아이디어를 산출물로 완성하기까지 지속적으로 이끌어줄 수 있는 심리상태를 의미한다.

이런 심리상태를 만들어낼 수 있는 다양한 형태의 사물과 분위기, 사람이 모두 포함된다고 볼 수 있다. 심리적인 안정감과 자유 외에도 도전의식, 모험심 등을 손꼽을 수 있다.

창의적인 환경이 중요한 이유는 환경이 창의력을 계발하기 때문이기도 하지만 반대로 억제할 수도 있기 때문이다. 사회가 지나치게 전통을 고수하거나 의무와 복종을 요구하면 창의력이 억제되기 마련이고, 기발한 생각이나 새로운 발명들을 격려하는 환경에서는 창의력이 샘솟기 마련이다.

창의력이 샘솟는 환경의 비밀

당신이 일하고 있는 환경을 둘러보자. 우선 물리적 환경을 살펴보라. 당신의 책상 위에는 어떤 물건들이 있는가? 당신이 가지고 있는 자료나 기록물, 책들도 창의적인 환경이 될 수 있다. 새로운 아이템 개발이나 기획안을 만들려 할 때 당신만의 아카이브(기록보관소)를 뒤적일 만큼 자료가 충분히 비축되어 있는가? 꼭 물리적인 아카이브만이 아니라 사이버 아카이브도 중요한 역할을 한다. 누군가의 스펙이나 독서 이력을 본다는 것은 그 사람의 방대한 아카이브와 막강한 히스토리를 엿보는 것과 같다.

고개를 들어 당신이 매일 머무는 사무실 천장 높이를 가늠해보고, 자신이 일하는 공간의 면적도 살펴보자. 연구에 의하면 미국 기업의 직원 일인당 전용 사무공간은 1970년대에 14~20평에서 최근에는 5.4평 정도로 줄었다고 한다. 물론 경비절감이나 소통을 강조하는 분위기, 개인 IT기기의 발달로 인해 공간이 줄어든 것이다. 그런데 여기서 흥미로운 점은 미국 기업 사무실의 천장은 계속 높아지고 있다는 사실이다. 지난 20세기 내내 평균 2.4미터였던 천장 높이가 1990년대 후반에 2.7미터로 높아졌고, 최근 신축 중인 빌딩들은 평균 3미터 수준이라고 한다.

이런 배치가 쓸모없는 공간 낭비라고 생각할 수도 있겠지만, 면적은 줄고 천장은 높아지는 이 모순적인 공간배치 안에는 놀라운 뇌과학이 숨어 있다. 그것도 창의력과 관계가 있다. 미국의 조안 마이어스-레비 교수가 천장의 높이와 창의력 간의 관계에 대해 연구했다. 천장 높이가 각각 3미터와 2.4미터로 다르고 구조는 똑같은 두 방에 100명을 나눠 넣고, 동일한 문제와 퍼즐을 풀게 했다. 그 결과 천장이 높은 방에서 문제를 푼 사람들은 자유롭고 창의적으로 생각하는 경향을 강하게 보였고, 천장이 낮은 방에서 문제를 풀었던 사람들은 정해진 범위의 일을 꼼꼼하게 처리하는 데 강점을 보였다.

공간뿐만 아니라 색깔도 중요하다. 2009년 브리티시컬럼비아 대학의 줄리엣 교수는 색깔과 창의력의 상관관계를 입증해 보였다. 600명에게 컴퓨터로 퍼즐을 풀게 하면서 문제의 배경색으로 각각 빨간색과 파란색을 사용한 결과, 빨간색 배경을 보면서 문제를 푼 그룹은 기억력과 주의력이 필요한 단어암기와 철자법 체크 쪽의 점수가 높았고, 파란색 배경을 보면서 문제를 푼 그룹은 창의력이 필요한 조각퍼즐 맞추기 등에서 훨씬 더 높은 점수를 얻은 것이다. 이에 줄리엣 교수는 창의력이 요구되는 브레인스토밍 회의를 할 때 회의실을 파란색으로 칠하는 것이 좋다는 연구결과도 발표했다.

'창의적인 환경 속에서 빛나는 아이디어가 나온다'는 말을 들으면 당신도 그런 환경을 만들어 놓고 반짝이는 아이디어를 내고 싶을지 모르겠다. 어떤 이는 자신만의 창의적인 공간이 없어서 특별한 그 무엇을 할 수 없다고 불평을 할지도 모른다. 별들이 쏟아져 내리는 해변가, 인적이 드문 조용한 별장, 바다냄새와 파도소리가 가득한 낭만적인 장소를 동경하면서 말이다.

그러나 좋은 환경이 필요불가결한 것은 아니다. 마리오 푸조는 소설 《대부》가 대성공을 거두자 집 뒤편에 작가라면 누구든지 부러워할 만한 화려한 작업실을 만들었다. 그러나 그는 그곳에서 단 한 줄의 글도 쓸 수 없었고, 어쩔 수 없이 다시 부엌 식탁으로 가서 글을 썼다고 한다. 그곳에서 아이들과 부대끼는 생활을 다시 시작하고 나서야 원하는 글을 쓸 수 있었다는 것이다. 이처럼 좋은 공간과 환경은 당신 마음속에 있는지 모른다. 창의적인 일을 할 마음의 준비만 되어 있다면 몸이 있는 그곳은 어디든 상관없다는 말이다.

아이디어가 필요한 날에는
파란색 옷을 입어라

당신 회사의 회의실 색깔을 떠올려보자. 회사의 회의실 색깔을 바꾸는 게 어렵다면 특히 창의력이 필요한 날에는 파란색 옷을 입어보자. 당신이 회의를 주관하는 팀장이라면 아이디어 회의를 하는 날에 파란색 옷을 입어보자. 분명히 보다 좋은 아이디어를 얻게 될 것이다.

주변을 둘러보자. 다소 지루했던 기존의 문화공간들이 사라지고 참신한 복합문화공간들이 등장하고 있다. 서울 삼성동에 있는 복합문화공간 '크링'에서는 늘 색다른 문화창조 축제가 열리고 있다. 특히 국내외 미디어 아티스트들의 도발적인 작품을 전시하는 것 외에도 색다른 영화들을 상영하고 있어 2, 30대의 젊은이들에게 특히 인기를 끌고 있다. 이 시대를 사는 20대들은 예술과 기술을 접목시킨 새로운 문화에 갈증을 느낀다. 그들은 실제공간뿐만 아니라 가상의 공간에서도 각국의 젊은이들과 창의적이고 예술적인 아이디어와 비전을 공유하고 격렬한 토론을 한다. 이제 가상의 공간에서도 창의력을 요구하는 시대가 도래한 것이다.

행복한 창의력이
이 시대의 답이다!

그렇지 않아도 눈만 뜨면 가슴을 쓸어내려야 하는 뉴스들로 가득한 요즘, '생존을 위한 창의력'이라는 말이 당신에게 버겁게 들렸는지 모르겠다. 내 안의 창의력을 찾아내서 키운다는 것이 너무 추상적으로 들리고, 뭔가 '이거다' 싶은 게 없다면 "나는 창의적인 사람이다!"라고 지금부터 생각을 바꿔보자.

2011년, 우리나라의 1인당 GDP는 2만 달러이고, 경제규모는 세계 13위이며, G20정상회의를 개최할 정도로 비약적인 경제성장을 이루어냈다. 그러나 우리나라 사람들 대부분은 '행복'을 모른 채 살고 있다. 이는 한국갤럽조사에서 1인당 GDP가 약 3배 성장한 1992년에서 2010년 사이에 '행복을 느끼는' 국민이 10퍼센트 정도 줄었다는 결과만 보더라도 알 수 있다. 2010년 12월 16~24일, 조선일보와 여론조사기관 한국갤럽 · 글로벌마켓인사이트가 세계 10개국 5,190명을 대상으로 '행복의 지도'를 조사한 결과, 10개국 가운데 "나는 매우 행복하다"라고 답한 사람이 우리나라(7.1퍼센트)가 제일 적었다. 반면 "나는 행복하다"라고 답한 사람이 가장 많은 나라는 축구와 삼바의 나라 브라질이었다. 브라질 사람들은 10명 중 6명이 "나는 매우 행복하다"라고 답했다. "약간 행복하다"라고 답한 사람들까지 합하면 행복한 인구가 90퍼센트를 넘었다.

우리나라 사람들 중에는 행복의 조건을 두루 갖추고 있으면서도 행복감을 느끼지 못하는 사람들이 많다. 하지만 행복감을 느낄 수 있는 방법은 셀 수 없을 만큼 다양하다. 나는 이 책을 통해 창의력을 계발하여 행복감을 극대화하자고 주장했는데, 시간이 없다거나 실천할 엄두가 나지 않는다면 오늘부터 "나는 행복하다"라는 말을 하루에 세 번씩 외치는 것에서 시작하라고 권하고 싶다.

당신은 어쩌면 이미 행복한 사람인지 모른다. 단지 그것을 인식하지 못하고 있는 건지 모른다는 말이다. 그러니 우선은 "나는 행복한 사람"이라고 외쳐보자. 어느 순간 당신의 두뇌는 정말로 행복감을 느끼게 될 것이다.

나는 실제로 그렇게 살고 있다. 늘 내 자신에게, 주변 사람들에게 "난 정말 행복하다. 세상에서 가장 행복하다"라고 말한다. 그러면 정말로 마음에 행복감이 일어난다. 당신도 따라해보라. 행복하다고 말하는 순간 당신의 뇌도 그렇게 인지할 것이다.

1장 창의적인 사람들은 끝까지 살아남는다

나만의 생존 매뉴얼이 필요하다

- 리차드 플로리다(2008), 《도시와 창조계급》, 푸른길.
- 에릭 호퍼(2005), 《에릭호퍼, 길 위의 철학자》, 이다미디어.

미래를 읽는 사람에게 위기는 없다

- 마티아스 호르크스(2010), 《위대한 미래》, 한국경제신문사.
- 김난도 외(2010), 《트렌드 코리아 2011》, 미래의창.

미래 사회의 필수조건은 '스마트한 선택'이다

- 빅터 프랭클(2005), 《죽음의 수용소에서》, 청아출판사.
- 샹커 베단텀(2010), 《히든 브레인》, 초록물고기.
- [이인식의 멋진 과학] 명상, 의사결정 속도 높여

조선일보 2011년 2월 12~13일자 B7면.

http://news.chosun.com/site/data/html_dir/2011/02/11/2011021101184.html

- 전경원 블로그(http://blog.naver.com/jeonkw333), 2010년 7월 31일자,
  "영화 trainspotting 중에서 선택"

시간을 부리는 '주인'이 되어라

- 다닐 알렉산드로비치 그라닌(2004), 《시간을 정복한 남자, 류비셰프》, 황소자리.
- 로버트 그린(2007), 《전쟁의 기술》, 웅진지식하우스.

2장 세상을 바꾸는 사람들은 창의적인 습관이 만든다

평생 몰입할 것을 찾아라

- 미하이 칙센트미하이(2007), 《몰입의 즐거움》, 해냄.
- 황농문(2007), 《몰입 Think hard!》, 랜덤하우스코리아.

걸작은 작은 메모에서 출발한다

- 사카토 켄지(2005), 《메모의 기술》, 해바라기.
- 사카토 겐지(2009), 《뇌를 움직이는 메모》, 비즈니스세상.
- 최효찬(2010), 《한국의 메모 달인들》, 위즈덤하우스.

드라마틱한 스토리텔링의 힘

- 최효찬(2010), 《세계 명문가의 독서 교육》, 바다출판사.
- 나루케 마코토(2009), 《책, 열권을 동시에 읽어라》, 뜨인돌.

스마트 시대, 스마트하게 소통하라

- [이인식의 멋진 과학] 적정 '혈중행복농도'는
  조선일보 2011년 1월 8~9일자 B6면.

http://news.chosun.com/site/data/html_dir/2011/01/07/2011010701210.html

관심을 업그레이드시키면 발명도 가능하다

- 잭 첼로너(2010), 《죽기 전에 꼭 알아야 할 세상을 바꾼 발명품 1001》, 마로니에북스.
- 토머스 크로웰(2011), 《역사를 수놓은 발명 250가지》, 현암사.

3장 내 안에 잠든 상상력을 흔들어 깨워라

창의적인 두뇌가 행복한 두뇌다

- 뇌에서 뇌로 정보 전달하는 무선통신 시대 성큼 "주말 골퍼도 우즈처럼 칠 수 있다"
  조선일보, 2011년 1월 12일자 B1면.
  http://biz.chosun.com/site/data/html_dir/2011/01/11/2011011102264.html
- Martindale, C. Hasenfus, N(1978), EEG differences as a function of creativity, stage of
  the creative process, and effort to be original. Biological Psychology 6, 157~167.
- Dietrich, A. (2004). The cognitive neuroscience of creativity. Psychonomic Bulletin and
  Review, 11, December, 1011~1026.
- Damasio, Antonio R.(2005), 《Descartes' Error: Emotion, Reason, and the Human
  Brain》, Penguin Books.
- Petsche, H.(1996), Approaches to verbal, visual, and musical creativity by EGG
  coherence analysis. International Journal of Psychophysiology 24, 145~159.
- Kaufmann, G. & Vosburg, S.K. (2002). "Paradoxical mood effects on creative problem
  solving. Cognition and Emotion 11, 151~170.
- Hirt, E.R. (1999). Mood. In M.A. Runco & S.R. Pritzker(Eds.), Encyclopedia of creativity,
  Vol.2, 241~250, New York: Academic Press.
- Shaw, E.D., Mann, J.J., Stokes, P.E. & Manevitz, A.Z.(1986). Effects of lithium carbonate
  on associative productivity and idiosyncrasy in bipolar outpatients. American Journal
  Psychiatry 143, 1166~1169.

- 전경원(2009), 《엄마가 키워주는 창의력이 공부력이다》, 아주좋은날.

하루에 하나씩 새로운 일을 하라

- 캐롤 하트(2010), 《세로토닌의 비밀》, 미다스북스.
- 이시형(2010), 《세로토닌하라》, 중앙북스.
- 릭 핸슨, 리처드 멘디우스 공저(2010), 《붓다브레인》, 불광출판사.

창의적인 사람은 유머감각도 뛰어나다

- 전경원 블로그(http://blog.naver.com/jeonkw333), 2010년 8월 19일자,
  "죽음의 수용소에서(빅터 프랭클)"
- 전경원(2009), 《엄마가 키워주는 창의력이 공부력이다》, 아주좋은날.

일상과 예술을 접목시켜라

- 전경원(2010), 〈창의력, 영재, 그리고 예술영재(제3회 예술영재포럼 발제 자료집)〉, 한국
  예술영재교육연구원.

창의적인 아이디어는 운동으로 단련된다

- 존 레이티, 에릭 헤이거먼 공저(2009), 《운동화 신은 뇌》, 북섬.
- 세실 가테프(2006), 《걷기의 기적》, 기파랑.

'창의성 일지'는 창의적인 습관을 만든다

- 제임스 조이스(2011), 《율리시스》, 동서문화사.
- 전경원(2004), 《브레인스토밍을 중심으로: 생활 속의 창의성 계발 1》, 창지사.
- 전경원 외(2004), 《오감과 지성으로 창의성 키우기》, 창지사.
- 전경원(2004), 《전경원의 카리브해 크루즈 여행법》, 창지사.

건강한 몸과 창의적인 두뇌는 한몸으로 움직인다

- 마이클 로이젠, 메맷 오즈(2007), 《내몸 사용설명서》, 김영사.
- [세계지식포럼] 조직의 창조성은 시스템이 만들어낸다

매일경제, 2005년 10월 12일자.

http://news.naver.com/main/read.nhn?mode=LSD&mid=sec&sid1=101&oid=009&

aid=0000464519

• [Around the World] 컴퓨터 게임 · 휴대폰에 길들여진 두뇌…

　　　　　　　　　　'스크린세대' 학습능력 떨어져

조선일보, 2010년 11월 23일자 A16면.

http://news.chosun.com/site/data/html_dir/2010/11/23/2010112300109.html

4장 창의력, 대체 너는 누구냐?

즐겁고 신나는 인생은 창의력이 만든다

• 에릭 호퍼(2005), 《에릭호퍼, 길 위의 철학자》, 이다미디어.

• 버트런드 러셀(2005), 《행복의 정복》, 사회평론.

• 미하이 칙센트미하이(2006), 《몰입의 경영》, 황금가지.

• 안톤 체호프(2002), 《체호프 단편선》, 민음사.

전쟁과 창의력은 영원한 동반자

• 전경원(2010), 《창의력 측정》, 창지사.

• 전경원 블로그(http://blog.naver.com/jeonkw333), 2009년 9월 30일자,

　"토란스, 한국전쟁, 그리고 창의력 연구"

새로운 것이 완전히 새로운 것은 아니다

• 빅터 프랭클(2005), 《죽음의 수용소에서》, 청아출판사.

• 전경원(2010), 〈창의력, 영재, 그리고 예술영재(제3회 예술영재포럼 발제 자료집)〉, 한국

　예술영재교육연구원.

• 전경원(2000), 《창의학: 동서양의 하모니를 위한》, 학문사.

• Aleinikov. A., Kackmeister, S., & Koening, R.(Eds.)(2000), Creating creativity:101

definitions. Midland, MI: Alden B. Dow Creativity Center, Northwoods University.

제대로 된 브레인스토밍으로 회의를 하라

- 전경원(2009), 《엄마가 키워주는 창의력이 공부력이다》, 아주좋은날.
- 전경원 블로그(http://blog.naver.com/jeonkw333), 2008년 11월 20일자,
  "강제결합법의 예시 : 영화와 지우개"

창의적인 일로 미래를 도모하라

- [아침논단] '당(唐)나라 군대'가 진짜 강한 군대다
  조선일보 2011년 1월 5일자 A34면.
  http://news.chosun.com/site/data/html_dir/2011/01/05/2011010501896.html

창의적인 사람에게 은퇴는 없다

- Cropley, A.J.(2001), Creativity in education and learning, London:Kogan Page.
- 조지 베일런트(2010), 《행복의 조건》, 프런티어.
- 전경원 블로그(http://blog.naver.com/jeonkw333), 2009년 1월 31일자,
  "노인과 창의성 : 실버영화관과 클린트 이스트우드"
- [이제는 문화다! 지식인 현장 리포트] 놀이활동 하면 뇌를 자극하고 수명도 길어져
  조선일보, 2010년 11월 16일자 A8면.
  http://news.chosun.com/site/data/html_dir/2010/11/16/2010111600080.html

5장 당신의 타고난 재능을 갈고 닦아라

타고난 재능을 부려라

- 하야시 나리유키(2010), 《일머리 단련법》, 웅진윙스.

당신이 가진 유전자의 비밀을 벗겨라

- 김훈기(2004), 《유전자가 세상을 바꾼다》, 궁리.

다섯 살의 상상력을 유지하라

- 존 베어(2001), 《창의적인 교사, 창의적인 학생》, 창지사.
- 하늘을 나는 자동차, 빠르면 내년 말 시험비행 할 듯

  조선일보, 2007년 12월 17일자.

  http://news.chosun.com/site/data/html_dir/2007/12/17/2007121701378.html
- '깜시 · 땅꼬마' 별명도 은유… 생활 속에 시 있다

  조선일보, 2010년 9월 20일자 D5면.

  http://news.chosun.com/site/data/html_dir/2010/09/19/2010091900382.html

모범생 이미지에서 탈출하라

- 전경원(2000), 《창의학: 동서양의 하모니를 위한》, 학문사.

창의적인 환경, 필요하다면 직접 만들어라

- 사무실 천장이 높을수록 창의력도 높아진다

  조선일보 2010년 12월 21일자 B10면.

  http://biz.chosun.com/site/data/html_dir/2010/12/20/2010122001702.html

에필로그

- 2011 한국, 행복을 찾읍시다

  조선일보 2011년 1월 1일자 A01면.

  http://news.chosun.com/site/data/html_dir/2011/01/01/2011010100056.html